湯浅政明

湯浅政明のユリイカな日々

はじめに。

みなさん、こんにちは。

湯浅政明です。

今日は『湯浅政明のユリイカな日々』を手に取ってくださって、ありがとうございます。

この本は、『ぴあ』のアプリ版『クリエイター人生』で掲載された僕のロングインタビュー『挑戦から学んだこと』に加筆され、1冊の本にまとめられたものです。


このロングインタビュー、当初は3万5千字ほどだったのですが、結構僕が加筆してしまったのもあり、気がつけば5万字にまで増えてしまったようです。担当してくださったインタビュアー&ライターの渡辺麻紀さんが「湯浅さん、もう

１冊の本にしたほうがいいですよ」と冗談でおっしゃっていたのですが、何とそれが本当になってしまったわけなのです。

僕はそこまで加筆するつもりはなかったのですが、アップするまでに長い時間があり、その間に僕にも時間が出来、もともと担当編集の縣さんと渡辺さんが「書き加えてくださっていいですよ」とおっしゃっていたのもあり、さらに、この職に就いたアニメーター時代から最新作の『犬王』までをまとめて語るチャンスというのもなかなかない。それならこれも。こっちも言っておきたい。いや、そっちも書いておいたほうがいい……、そうだ！　この際、総体的に記憶をメモッておこうモードになって、じゃんじゃん増えてしまったのです。自分としては、そんなに増えた感触はなかったのですが、文字数というのはシビアなようです。

アニメで動画３万５千枚のつもりが、５万枚になったとか、35分のつもりが50分になってんじゃん的なことなんでしょうか？　だったらやっぱり大変だ。

縣さん渡辺さんに、ご苦労をかけて申し訳ない。でもこうして、一冊の本になったのは嬉しいと思った次第です。

そうやって生まれた『ユリイカな日々』。このタイトルは、「何か自分のなかで新しいことを発見すると、嬉しくなって作品に盛り込みたくなる」と言った僕の性格に由来しています。

アニメーターを始めたときから、最新作の『犬王』まで、確かに発見の日々でしたが、発見を盛り込む作品も『犬王』でひとつの区切りになると思います。『ぴあ』のときは、まだ『犬王』も完成してなくて、ご覧いただけない状況だったのですが、今回は観てからのインタビューになり、そこも加筆されています。それだけでもう1万字を超えたらしいですが……。

そのほかにも、それぞれの作品に沿った「ぼくのお気に入り」というコラムも作っていただきました。活字だけでなく動画も楽しんでもらえるよう「パラパラ漫画」を描き、ＱＲコードをスキャンするとショート動画が見られるようにもしました。

楽しんでいただけたらと思います。

ご協力いただいた方々に感謝感謝。

そういえば、渡辺さんはハリウッド系が得意な映画ライターさんで、丁度オスカーシーズンだったこともあって、「湯浅さん、『犬王』、来年アカデミー賞ありですよ。少なくともノミネートは!」とおっしゃっていました。「アカデミー賞」、あこがれの賞なので、「まずは、ノミネートよろしくお願いします!」って書いておきます(笑)。渡辺さんの冗談からこの本も生まれたので、この冗談もホントになるといいですね。

2022年4月　湯浅政明

■聞き手・構成・文／渡辺麻紀

・本書は『ぴあ』アプリ版『クリエイター人生』に掲載されたインタビュー『挑戦から学んだこと』に加筆したものです。
・本文中に登場する人名は、敬称を略させていただきました。

各ページのQRコードをスマートフォン等で読み込むとショート動画がご覧いただけます。
『TV Bros.WEB』との連動企画のため、『TV Bros.WEB』のサイトにジャンプします。
動画は予告なく削除される場合があります。あらかじめご了承ください。

QRコードが正しく作動しない場合は、こちらでもご覧いただけます。

#1	https://tvbros.jp/uncategorized/2022/04/27/37741/
#2	https://tvbros.jp/uncategorized/2022/04/27/39069/
#3	https://tvbros.jp/uncategorized/2022/04/27/39074/
#4	https://tvbros.jp/uncategorized/2022/04/27/39078/
#5	https://tvbros.jp/uncategorized/2022/04/27/39083/
#6	https://tvbros.jp/uncategorized/2022/04/27/39086/
#7	https://tvbros.jp/uncategorized/2022/04/27/39089/
#8	https://tvbros.jp/uncategorized/2022/04/27/39092/
#9	https://tvbros.jp/uncategorized/2022/04/27/39095/
#10	https://tvbros.jp/uncategorized/2022/04/27/39099/
#11	https://tvbros.jp/uncategorized/2022/04/27/39102/
#12	https://tvbros.jp/uncategorized/2022/04/27/39105/
#13	https://tvbros.jp/uncategorized/2022/04/27/39108/
#14	https://tvbros.jp/uncategorized/2022/04/27/39111/

以下のURLから、#1〜#14の動画をまとめてご覧いただけます。

https://tvbros.jp/uncategorized/2022/05/02/39701/

スタートはアニメーターから。大きな財産にもなった『クレヨンしんちゃん』

『クレヨンしんちゃん』

臼井儀人の漫画『クレヨンしんちゃん』を原作としたTVアニメーション（92〜）、および劇場アニメーション（93〜）。湯浅はTVシリーズで作画監督・絵コンテなどを担当。映画『クレヨンしんちゃん』シリーズでは、設定デザイン、原画、キャラクターデザイン、絵コンテを担当するなど重要な役割を担っていた。

――現在は監督として活躍している湯浅政明さんですが、キャリアはアニメーターからスタートしています。

湯浅　最初は演出や監督にはまるで興味がなかった。単にアニメの画を描きたかっただけだったので、将来はアニメーターを生業にしたいと思っていたんです。そう考えるようになったのは中学時代。アニメは物心ついた頃から好きでずっと観ていたんですが、どうやってアニメが作られているのかという部分には注目していなかった。その頃は、漫画とアニメの区別もついていない感じでした。

でも、中学1年生のときに、劇場編集版『宇宙戦艦ヤマト』（77）が公開されてアニメブームが起きた。その後も宮崎（駿）さんの『ルパン三世 カリオストロの城』（79）や、出﨑（統）さんの『エースをねらえ！』（79）、さらにりんたろうさんの『銀河鉄道999』（79）が公開されて、アニメーターという仕事があるということを初めて知ったんですよ。相次いで創刊されたアニメ雑誌では、アニメーターはクリエイターとしてスターのように扱われていたのを覚えています。

――でも、アニメの専門学校のようなところに通ってはいないんですよね？

湯浅　大学ではファインアートを専攻していて、実際にアニメに触れたのは亜細亜堂にアニメーターとして参加してから。そうなると当然、学生時代からしっかりアニメを勉強していた人のほうがダンゼン上手いんです。彼らは、ちゃんとアニメ映えする画を描ける。僕の場合、紙に描いた状態だとそれほど悪く見えないんですが、色がついて動くと情けない画になってしまう。どう頑張っても自分の思った通りにはならなかったんです。

原画になっても数年は本当につらくて、（アニメーターを）もう辞めちゃおうかと思うようになり、実際、一度は辞めたんです。でも、そんなときに本郷（みつる）さんが声をかけてくれた。

天職とさえ思った『クレヨンしんちゃん』での経験

――本郷さんは亜細亜堂で『チンプイ』（89～91）や『クレヨンしんちゃん』（92～）の監督をなさっていた方ですね。

湯浅　そうです。『クレヨンしんちゃん』のTVシリーズに声をかけてくれて、「じゃあ、ちょっとだけ」という感じでもう一度始めたんだけど、意外とマイウェイ

でやらせてもらって、だんだん仕事が楽しくなってきた。実際には本郷さんの『21エモン 宇宙いけ！裸足のプリンセス』（92）もやってるんですけどね。『しんちゃん』の劇場版1作目（『映画 クレヨンしんちゃん アクション仮面VSハイグレ魔王』（93））だったと思うんですが、クライマックスのひとつのシーンを決めるとき、本郷さんが意見を求めてくれたんです。「これどう思う？」みたいな感じで。だから僕、正直に「面白くない」と言ったら、「じゃあ、どういうのがいい？」と言われたので、アイデアを提出してみました。それを本郷さんがまとめて絵コンテにしてくれて、自分でそのシーンの原画を描いたら、自分的にめちゃくちゃ気持ちのいいものになった。作画の動きはいつもの感じですが、画面全体がイメージ通りに動いてるのが爽快で、観ている人もとても喜んでくれたんです。僕は、もう最高って大コーフンしちゃって、頭からすげえ気持ちのいい汁が出てきた感じ（笑）。

このコーフンと気持ちよさと楽しさは、アニメーターになって初めてのことだったというレベルじゃなく、まさに子供の頃以来だった。

——ということは、子供の頃も、よく絵を描いていた？

湯浅　はい。幼稚園の頃、まえの晩に観たＴＶアニメの絵を園で描いて、みんなが喜んでくれるのがすごく嬉しかった。それと同じ快感を味わったのは、まさに幼稚園以来だったんです。

それまで、アニメーターをやっていて褒められることも結構ありましたが、やっている本人が納得いかない。これが僕にとっては大きな問題だったんです。でも、自分で絵コンテを描いた『しんちゃん』のときは褒められて、なおかつ自分がすっごく楽しかった。ちょっとまえまでは「もう辞める」なんて思っていたにもかかわらず、そのときはもう「これ、天職だったんだ！」と思うまでになっていましたからね（笑）。

――１８０度変わっちゃったんですね（笑）。

湯浅　そうそう（笑）。以来、絵コンテを切りたくてしょうがなくなったんです。でも、実を言うと、最初は絵コンテがそんな重要なものだとは知らずに、「へー、絵コンテというのがあるんだ」くらいの感じだったんですけどね（笑）。

――ということは湯浅さん、もしかして現場で発見したり体験しながら学習していくタイプなんですか？

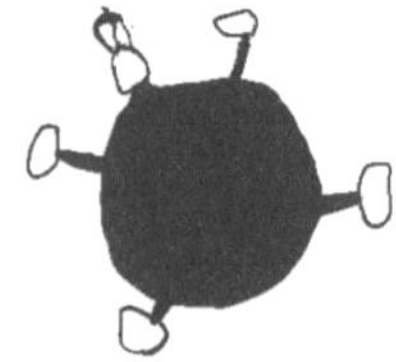

湯浅　そうだと思います。

昔、漫画を描いて応募したこともあるんです。漫画を描き始めた頃に気づいたのは、漫画にはストーリーが必要なんだということ。それまで〝ストーリー〟という発想がなかった（笑）。だからなのか、子供の頃観ていたアニメや特撮もののストーリーはひとつも覚えていないんですよ。

それでは漫画が描けないと思って、意識的に本を読んだり、映画も観るようになった。でも、それもやっぱり、ストーリーを追うというより、シーンや映像の展開の面白さのほうに目がいってましたね。

たとえば〝どんでん返し〟。ストーリーの面白さから生まれるのは分かっていたんですが、全体のストーリーには気づいてなかったんですよ。絵コンテを描くのが好きになって初めてストーリーの重要性に気づいたくらいで。

カメラワークを意識するきっかけになったデ・パルマ作品

――ちなみに、どんな映画を観ていたんですか？

湯浅　最初はホラーをよく観ていました。『ウイラード』（71）とか『ベン』（72）とかをテレビで観て、その後劇場に行くようになり『サスペリアPART2』（75）を観たんですが、そのときの同時上映が『フューリー』（78）だったんですよ。

——ホラーばっかり（笑）、しかも『フューリー』は映像優先のブライアン・デ・パルマじゃないですか！

湯浅　デ・パルマに出会ってから、カメラの向こう側にいる人（監督）を意識して観るようになった。でも、そのときもまずカメラワークだったので、『しんちゃん』の絵コンテを描くようになったときも、カメラワークが特徴的な映画をたくさん観ましたね。だからデ・パルマになっちゃう（笑）。

　カット割りやカメラワークは文章に似てると思うんです。ショットが言葉で、そのつながりが文章。スタッフに話して共感されたことはないけれど、『プレバト!!』というTVバラエティ番組で俳句の先生が説明していることなんか、もうまんま絵コンテなんですよ。もちろん俳句に絵はないんですが、先生は俳句も〝映像〟が浮かぶようになってないといけない、言葉を効果的に並べて、観客をより感動させなくてはいけないと言うんです。これはカメラワークですよね。同じ情

景を描写しても、カット割りや順番で語り口が全然変わるから。

それに番組では先生が、出されたお題の俳句から映像的でない単語を省いたり、効果的な言葉に入れ替えたり足したりすると、その俳句が鮮やかに感動的な〝映像〟に変わる。さすが！　と思っちゃうんですよ。

そういう影響もあったからなのか、その頃は映画を観ても、全体のストーリーよりそういう部分に感動していましたね。

設定の仕事を通して学んだ「いろいろなモノを見て、知って、発想すること」

――『しんちゃん』のときは設定もやっていましたよね？

湯浅　それも大きな転機でした。本郷さんが「アニメーターが描いた設定は動きがあって面白いだろう」ということで宇宙船の設定などを任せてくれたんですが、これがまたとても楽しい仕事になりました。『しんちゃん』だから変な宇宙人だったので、従来の宇宙船デザインにとらわれなくてもいい。科学的な裏付けよりも、まずは面白いフォルムと動きを考えればいいんじゃないかなって。その経験がのちに、リサーチの面白さや重要性に気づかせてくれたんです。

実はそれまで、アニメや映画にばかり目がいっていて、現実や世間をほぼ見てなかったんですよ、僕。複雑だし、世の中が面白いと感じたことがなかった。ところが、設定を頼まれて世間に目を向けるようになると、これが驚くほど面白い。たとえば電車の設定を作るとすると、まずはいろいろ電車について調べますよね。その過程で電車を形作っている仕組みを深掘りしていくと、本当にいろんな発見があってびっくりするという感じ。その一方で、複雑なものも、解いていけばシンプルに分かる面白さがあるということにも気づきました。そういうものを画にしたいと思うようになったんです。

――ということは湯浅さん、それまで世間をまるで見ていなかった？

湯浅　そうなりますよね（笑）。学生時代は精神論者的なところもあって、「精神を集中させられる者ほど優れたアーティストになれる」とか「何も考えずに、ひたすら創作に集中すればいい絵が描ける」と思っていましたから（笑）。でも、実際は上手い絵の描き方的な方程式があって、それを使えばある程度は描けちゃ

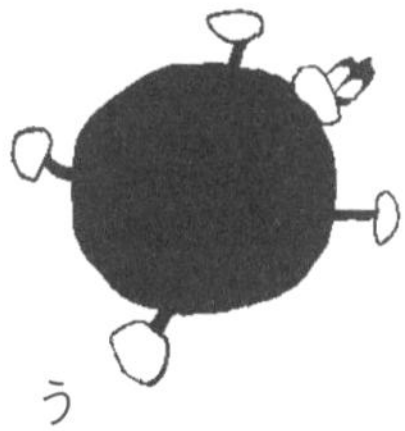

うから「なーんだ」って感じで。

アニメをやり始めた頃もそういうときがあって、「表現したいものがない」なんて思っていたけれど、実は何も見ていなかっただけ。世間に目をやるようになって、いろいろ表現したいという欲求が湧いてきましたね。小さい頃の自分に教えてやりたい感じ（笑）。

——つまり、『しんちゃん』と本郷さんに出会ったことでアニメを作る楽しさを知ったわけですね？

湯浅　そうです。『しんちゃん』は本当に楽しくて、リアルなものも入れられるし、ギャグにしようと思えばそれもOK。最高のキャンバスでした。

本郷さんは僕のアイデアを拾い上げたり、個性を尊重した使い方をしてくれたので、のびのびと楽しく仕事が出来た。いまは僕も監督をするようになり、この制作メンバーならこういうふうにすると面白いというように、みんなの個性やアイデアを活かす仕事をするように心がけています。

——『クレヨンしんちゃん』ではどんなことを学びましたか？

湯浅　いろいろなモノを見て、知って、発想することですね。本郷さんには「アイデアを出して。でも、ひとつひとつ見てジャッジするのは大変なので、たくさん出しておいてくれれば、僕が勝手に見るから」と言われて、本当にたくさん描いた。自分で調べ、画にして吐き出す。それを１、２カ月続けたんです。これが本当に楽しくって（笑）。

のちにこのやり方が習慣になっただけでなく、自分の大きな財産にもなった。面白いと感じたことは何でもアニメで表現出来るのかもしれないと、徐々に思うようになりましたからね。

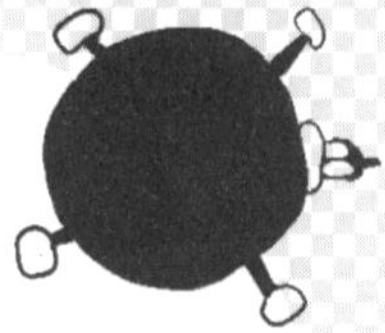

ぼくの
お気に入り

ブライアン・デ・パルマ映画

『キャリー』

原題：Carrie／1976年製作／アメリカ
原作：スティーブン・キング
出演：シシー・スペイセク、パイパー・ローリー、エイミーアーヴィング ほか

『ミッドナイトクロス』

原題：Blow Out／1981年製作／アメリカ
出演：ジョン・トラボルタ、ナンシー・アレン、ジョン・リスゴー ほか

『殺しのドレス』

原題：Dressed to Kill／1980年製作／アメリカ
出演：マイケル・ケイン、アンジー・ディキンソン、ナンシー・アレン ほか

最初はやっぱり画で魅せる監督が好きだったんです。「映画」ってものに興味をもった最初の頃に出会ったのがブライアン・デ・パルマ。映画における「カメラワーク」を最初に意識させてくれたのが彼の『キャリー』だったと思います。豚の血を入れたバケツを、キャリーの頭にぶちまけようとするシーンで、ロープを握っている女子がいて、そのロープをカメラがたどっていくと頭上に吊るされたバケツにいき着き、俯瞰でバケツのなかを見ると血が入っていて、その下にキャリーがいる。そして、白いリボンのような布が彼女の頭の上にふわりと降ってきて……つまり、

こうやって文章で書くことが、ちゃんと映像で説明されていたというか表現されていて驚いたんです。しかもその目線は邪悪な計画に気づいた女子高生のもので、彼女が阻止しようとするものの、来てはいけないその子に気づいた先生が追い出そうとする姿をカットバックで見せる。もうハラハラドキドキがマックス！　これは本当にすごかった。

『ミッドナイトクロス』は音響マンが主人公。こちらもカメラワークがさすがデ・パルマで、花火を背中にカメラが360度回ったりする。ラストも音響マンという仕事を活かしているんだけど、最初に観たときは「それアリ？」と驚いたんですよ。でも、一周回って、そうか、それがいいんだって(笑)。彼が雑誌に掲載されていた連続写真を再撮影してフィルムにし、それに音を合わせていくシーン、とても好きでしたね。

もう1本の『殺しのドレス』は、デ・パルマが敬愛するヒッチコックへのオマージュと、やはりカメラワーク。カメラワークに関してはいちいち「そうそう！」って感じで興奮しましたね。オマージュは僕も大好きなので共感する部分が多かった。僕は『映像研』(『映像研には手を出すな！』)で『AKIRA』をパクったところもあるんですが、どうせやるならちゃんと似せたほうがいいと思って確信犯的にやったんです。同じ『映像研』の第8話では、みんなが同じ段ボールのロボットの格好をしているせいで、誰が誰だか分からなくなるというエピソードがある。これもTVシリーズの『ルパン三世』のファースト、ニセモノ・ルパンがたくさん登場するというエピソード(第19話「どっちが勝つか三代目！」)のパロディ。そういうパロディの楽しさ、デ・パルマ映画から学んだといえるのかもしれない。

#1

試行錯誤しながら挑んだ

『THE 八犬伝 ～新章～』

で学んだこと。

『THE 八犬伝 ～新章～』

曲亭馬琴（滝沢馬琴）の『南総里見八犬伝』を原作とした『THE八犬伝』の続編。妖女玉梓の怨霊から里見家を救うために、伏姫が自らの命と引き換えに生み出した八犬士たち。各地に散らばる残りの八犬士たちを求めて犬塚信乃の旅は続いていた――。
湯浅が第4話「浜路再臨」で作画監督を担当したOVA。

製作年：1993～1995年　原作：曲亭馬琴　監督：岡本有樹郎　脚本：鎌田秀美、会川昇　オリジナルキャラクターデザイン：山形厚史　アニメーション制作：AIC　キャスト：山寺宏一、関俊彦、山口勝平、西村智博、日髙のり子、大塚明夫、高山みなみ ほか

――『クレヨンしんちゃん』とは真逆のOVA『THE八犬伝～新章～』（93～95）の第4話、大平晋也さんが演出を務めた「浜路再臨」で湯浅さんは作画監督を担当し、これもまたアニメファンの注目を集めました。この作品はどういう経緯で参加したんですか？

湯浅　その頃、『クレヨンしんちゃん』をメインに仕事をしていたんですが、外からの誘いもくるようになったので、映画をやっていない時期はそれに応えるようにしていたんです。そんなとき、大平くんというアニメーターから誘いがあった。それが『新八犬伝』の第4話だったんです。大平くんは『AKIRA』（88）や『紅の豚』（92）などのジブリ作品も手がけたアニメーターとしてもとても知られている方ですが、監督としても活躍している。

　大平くんとの仕事は、いわばカルチャーショックみたいな感じ。ここまで突き詰めるんだとびっくりしました。自分が考えるはるか先のレベルのことをやっている人がいたんだという驚きがあった。

――とても映画っぽい演出ですよね。

湯浅　そうなんです。大平くんは、たとえば日暮れの映像にしても、空はどう変わるのかと考える人だった。その頃の普通のアニメは、夕暮れといえば空全体がオレンジ色なんですが、彼は違う。太陽の出ている方向とその反対側では違うし、時間によって変化していくというふうにいろいろ考える。僕は「そうか、違うんだ」って（笑）。特に自然現象については、それまであまり考えたことがなかったんです。

　山道の描写ひとつをとっても「こういう山道だったら、草はこういう感じで、生えている花はこれかなあ」とか。彼は高畑（勲）さんの『おもひでぽろぽろ』（91）にも参加していたので、そういう影響もあるのかもしれないけれど、こだわりがハンパないんですよ。めちゃくちゃ凝って、リアルな表現もありつつ、アニメ的な飛躍もある。でっかい紙を使ったり、濃い鉛筆を使ったり、いろいろマネしてみたんだけど、なかなか難しくて簡単にはいきませんでしたね。

――「浜路再臨」はほかのエピソードとはまるで違いますよね。それも当時は大きな話題でした。

湯浅　最初は自分の役職（作画監督）の責任上、絵をほかのエピソードに合わせ

ようとはしていたんです。でも、そうすると要求されているものが描けない。生々しさとか、ドロッとした感じが表現出来なくなる。だから、結果的には、まず表現出来る形に振りつつ、ほかのエピソードも意識した上で最小限にアレンジして戻すという感じ。でも、そのせいで中途半端になっちゃって、ちょっと気持ち悪い感じになってしまった（笑）。あとから、そういう無駄な努力はやめて、思いきりやってしまえばよかったというふうにも思いましたね。

　そのリベンジというわけでもないですが、『夜明け告げるルーのうた』のときは大平くんに参加してもらい、彼の原画のよさを残しつつ、ほかの絵に近づける作業を自分でやりました。そのまま作画監督に渡すと、絵を合わせることで大平くんのよさも消えてしまいそうだったし、手を入れないと絵の違いが大きく出てしまうから。作画監督が修正を入れやすいように全体を直してから渡していました。原画の意図を残しながら絵を描き直すのは難しくてとても時間がかかる。まっさらに描き直したほうがずっと早いんですけどね。

『八犬伝』は上手くいってなかったし、いろいろ勉強しながら描いていたので当時にしては時間もすごくかかってしまった。それまでの自分のスピードより2倍以上はかかっていたと思います。毎日1時間寝て、トイレに行くにもコンビニにおにぎりを買いに行くにも走ってましたから。

市川崑や黒澤明に山中貞雄……。チャンバラを描くためにたくさん観た時代劇

――チャンバラを描くのは難しかったんじゃないですか？　そういう勉強もしました？

湯浅　一応、勉強はしました。時代劇を観まくった。まえに亜細亜堂で参加したビデオでは江戸時代を調べていたんですが、今度は戦国時代。調べながら知識が増えていくと、さらに面白くなってきて、もう調べること自体が楽しくなって観まくっていました。

当時、文芸坐で無声映画を上映していたので、それにも行きました。内田吐夢、

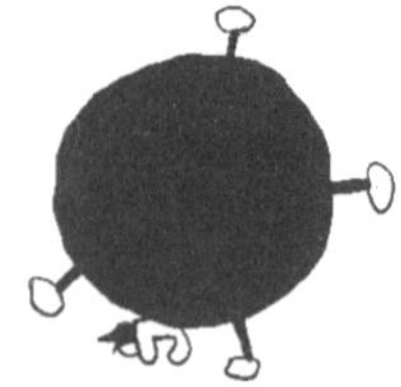

稲垣浩、三隅研次の作品、阪東妻三郎、大河内傳次郎の出演作品や、若山富三郎の『子連れ狼』シリーズも観た。彼は刀を持った立ち姿がかっこいいんですよ。市川崑の『木枯し紋次郎』は、まるで時代考証をひとつのシーンのように扱って、小道具をしっかり見せてくれる場面がある。黒澤明ももちろん観ました。彼はリアルにこだわる監督なので、時代劇の場合も、身分による服装や着こなしが堂に入っていて、建物や小道具の見せ方も凝っていた。『蜘蛛巣城』（57）の城は無骨で合理的な形をしていて、木目がきれいに映るように撮られているし、板も当時の道具で削ったように見えるものがある。稲垣浩の『宮本武蔵』（54）では八千草薫の所作がよかった。彼女、舞台もやっていたせいなのか、走るときに腕を振らないので、とてもきれいなんです。

――観ているところが違いますね。

湯浅　そうですね。画を描くために観ているので、よい実写は見どころがたくさんあります。実は、八千草薫のファンになってしまって、彼女の所作を観たいがために、ほかの出演作を観たりしました。

戦前の時代劇だと、監督はダントツで山中貞雄。彼は殺陣も本当にかっこいいというかモダン。アメリカ映画っぽいかもしれない。初期の黒澤より断然モダンだと思いました。彼の『百万両の壺』（『丹下左膳餘話 百萬両の壺』（35））なんて、とても洒落てるじゃないですか？

――「そんなことオレはやらん」と言いつつ、次のシーンではやっている。その繰り返しが笑えるんですよね。確かにとても洒落ていました。

湯浅 それに、ネコや小道具の使い方もとても上手い。やっぱり洒落ているんですよ。彼が客演して殺陣だけ担当している作品も観ましたが、これもとてもモダンだった。のちにアニメでやっているようなことを、90年もまえにすでにやっていますからね。夭折（28歳で戦病死）してしまって本当に残念です。生きていたらきっと、すごいフィルモグラフィを作っていたと思いますよ。

――『八犬伝』では何を学びましたか？

湯浅 アニメにおけるリアリティとリアルな表現。それを目指し、突っ込んでいく創作意識を学んだと思います。クリエイターとして１００％心ゆくまで作品を

作ってみたいんだけれど、圧倒的に力が足りないと思ったし、自分の能力内で作品を作ろうとしても、１００％を目指せば、きっと完成するのは難しいんだろうなあということも学んだ。時間がなくても能力があれば70、80点は可能だと思うし、時間があればそれ以上。だけど、上になるほど5％を上げるにも2倍3倍と時間がかかっていく。コスパがいいベストなやり方や形式を、以前にも増して考えるようになりました。

――また学んだんですね（笑）。

湯浅　そうです（笑）。僕は作業を進めているうちに課題が出てきて、それをクリアするのが楽しい。これではダメ、これもダメ、なぜダメなの？　じゃあこれは？　どうすればいい？　そう考えていくのが僕は楽しいんです。ほかに上手い人がいるんだから不得手な部分はそういう人に任せればいい、という考え方もある。でも僕は、不得意なことも自分でやって身につけ、切り抜けるアイデアを見つけたいし、失敗したとしても次回作で活かしたいと考えるタイプ。そもそも、そういう〝学習〟が楽しいわけだし（笑）。

画を音楽に合わせると、気持ちいいし、みんなが喜んでくれるのが嬉しい

――年代的には遡りますが、『ちびまる子ちゃん』もTVシリーズ、劇場版の作画など、いろいろやっていますね。この作品では音楽とのコラボレーションが印象的でした。

湯浅　『ちびまる子ちゃん』は亜細亜堂にいたとき、メインの作画をやらせてもらった。1本目の劇場版（『ちびまる子ちゃん』（90））では作品全体のレイアウトを助けられながらやらせてもらって、その次が『わたしの好きな歌』（『ちびまる子ちゃん わたしの好きな歌』（92））。さくら（ももこ）さんの好きな既成の曲があって、その曲に画を当てはめたんです。僕がやったのは笠置シヅ子の『買物ブギー』と、大滝詠一の『1969年のドラッグレース』。これもみんな喜んでくれたので、アニメーションって楽しいなーって（笑）。

――『ちびまる子ちゃん』に限らず、音楽とのコラボレーション、よくやっていますよね？

湯浅　得意なんだと思う。本郷さんが「音楽と合わせると豪華になるよ」と言っていたので、受け売りでやっているうち、確かにそうだと思うようになったんです。仕事もオープニング（OP）やエンディング（ED）を任されることが多くなって、スポッティングシートに描いていないタイミングなんかも耳で割り出して合わせていく。音楽を聴いて、頭に浮んだ映像を描いて、音楽に合わせれば合わせるほど気持ちよくなっていく感じ。

　自分としては、何をやってもそれほど変わらないつもりなんだけど、第三者の受け止め方には違いがある。音楽と合わせるとみんなが喜んでくれるので、きっと得意なんだろうと思いましたね。

――ってことは、みんなの期待に応えたいタイプなんですか？

湯浅　というより、単に喜んでもらえると嬉しいだけ。芸能人のなかにも、子供の頃、人前でヘンなことをやったら大ウケしたので芸人になったみたいな人いるじゃないですか？　僕、そういうのと同じなのかもしれませんよね（笑）。

ぼくの
お気に入り

好きな時代劇

『椿三十郎』

1962年公開／日本
出演：三船敏郎、仲代達矢、加山雄三、
小林桂樹、志村喬 ほか

『七人の侍』

1954年公開／日本
出演：志村喬、三船敏郎、木村功、加東大介、
宮口精二、稲葉義男、千秋実 ほか

『用心棒』

1961年公開／日本
出演：三船敏郎、仲代達矢、山田五十鈴、
司葉子、土屋嘉男、東野英治郎 ほか

時代劇は黒澤明でまとめてみました。『椿三十郎』は設定や物語も好きだし、漫画っぽいところも大好きです。三船敏郎がニヒルに決めつつ笑わせてくれて、若者たちは真っすぐすぎて騙されやすい。妙にのんびりした奥方や娘も出てきて、エピローグを含めてキャラクターがいちいち面白い。椿を流すシーンもギミックがあってドキドキしつつ、笑いもこぼれる。それでいてラストの殺陣もまさに瞬殺ですからね。静寂から派手な動きが一瞬あって、死に顔は生々しい。

『用心棒』は、同じく三船敏郎が主人公の浪人で、製作順でいうと先。ただ、こちらのほうがシリアスで、カメラワークやディテールに強いこだわりがある。冒頭のパンフォーカスを使ったシーンからかっこいいし、セットや、その木材の木目とかにもちゃんとこだわっている。だから僕は『用心棒』は映画館で観て、『椿三十郎』は家のモニタで楽しむというふうに分けている。『用心棒』はディテールを見たいから、『椿三十郎』は軽くお話を楽しみたいからだと思います。実際、『用心棒』は劇場のほうが面白く観ることが出来た。不思議なんですけどね。

もう1本はやっぱり『七人の侍』かな。アクション映画としての魅力は言うまでもないんですが、侍と農民の対比や関係性もちゃんと考えられていて面白い。最終的に勝利したのは農民だったところに時代性や黒澤明の思想などが反映されているのだろうと思いました。アクションに関しては、『八犬伝』のときに何度も観ました。一言でいうとすさまじい。雨の降らし方も、殺陣もすさまじい。もうマジで怪我をしそうで（笑）。刀も刃こぼれするから、すぐに別の刀を持ち替えたりとリアリティもハンパない。僕としては、雨が降ったあとの泥のなかはどういう感じなのか？　刀の表現はどうするのか？　農民や侍の着物の着方はどうなっているのか？　そういうのを繰り返し観て勉強していました。黒澤って、撮影の1カ月くらいまえから役者に衣装を着せてなじませるんだと聞いて納得しました。着物を着たときの所作は洋服の場合とはまるで違うわけだから、撮影の数時間まえに着て、すぐに本番でいいわけがない。リアリティを出すため、つかむためにはそういうステップは必要だとも思いましたね。

『八犬伝』のところで語っているのであえて入れませんでしたが、山中貞雄も大好きな監督です。『丹下左膳餘話　百萬両の壺』（35）のモダンさやコミカルさ、『人情紙風船』（37）も最高の1本だと思います。

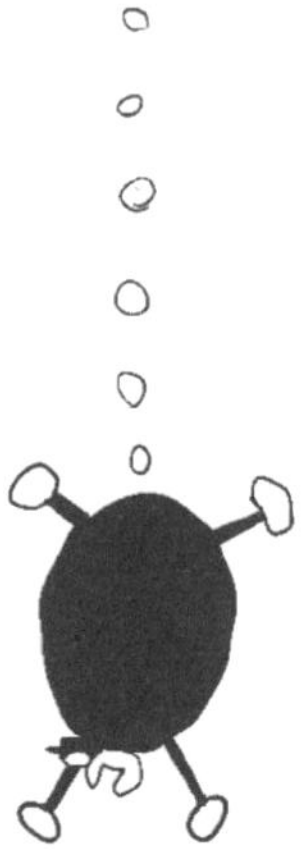

#2

アニメーターから監督へ。『マインド・ゲーム』で得たものと見えてきた課題。

『マインド・ゲーム』

実写と3DCGと2Dが融合した革新的作品として話題となり、第８回文化庁メディア芸術祭アニメーション部門大賞を受賞。幼馴染みで初恋相手のみょんちゃんが営む焼き鳥屋さんで、借金取りのヤクザに殺された西。なんとか生き返ることが出来たものの、今度はクジラに飲み込まれてしまい…。湯浅政明初の長編監督作品。

公開年：2004年　原作：ロビン西　監督・脚本：湯浅政明　キャラクターデザイン・総作画監督：末吉裕一郎　アニメーション制作：STUDIO4℃　キャスト：今田耕司、前田沙耶香、藤井隆、たくませいこ、山口智充、坂田利夫、島木譲二 ほか

——湯浅さんが初めて監督も手がけたのは、『バンパイヤン・キッズ』（01～02）のパイロット版『なんちゃってバンパイヤン』（99）ですね。プロダクションI.Gの作品です。

湯浅　（プロダクション）I.Gで『なんちゃってバンパイヤン』ともう1本、短編の『スライム』（『スライム冒険記～海だ、イエー～』（99））の監督をやったんですが、このときちょっと考えたんです。このままアニメーターでいくのか、それとも演出もやるのか？　そのときのキャリアでいうとアニメーターのほうが順風満帆だろうという感じではあった。演出をやることに否定的な意見もあったし、向いてないという人も多かった。

——でも、監督のほうを選んだんですね。

湯浅　そうです。理由は簡単、面白そうだから。やったことがないので伸びしろがあるんじゃないかと考えたんです。

アニメーターとしてはそれなりの評価をいただいていたものの、自分では伸びしろを感じなかった。もちろん、経験を積むことで描けるものもあるし、こだわり続けて出来るものもある。1回経験すれば、次はもっと上手くなれるだろうし。でも、スーパーアニメーターのように描ける感じはないし、これまでもごまかしごまかしやってきたので、やっぱり演出を学んだほうが幅は広がるだろうと思ったんです。それに当時、手描きのアニメはメジャーじゃなくなるかもしれないと感じていたので、転職するにも経験の幅を広くしておきたいと考えていました。

――『なんちゃってバンパイヤン』は、動くと湯浅節が炸裂で面白いんだけど、芝居のシーンになると途端、おとなしくなってしまう。その落差が激しくて、やっぱり湯浅さんは〝動〟の人なのだと思いましたが。

湯浅　アクションは面白いけど、芝居になると面白くない。みんなにもそう言われました（笑）。TVシリーズ化を睨んだ作品だったので、アクションのときもあまり動かさないようにしたんですけど。会話シーンはさらに芸なく記号的に止まっていたかもしれないですね。

『マインド・ゲーム』に代表する〝動き〟のこだわり

——湯浅さんの初の劇場版監督作になる『マインド・ゲーム』はずっと動いている印象。『なんちゃってバンパイヤン』をやって、僕はやっぱり〝動〟のほうが得意だと思い、今度はそれだけで作ってみたのだと推理していたんですが。

湯浅　『バンパイヤン』のときに考えていたのは、TVシリーズだと動かすにも制限があるから、あまり動かさなくても面白くしたいということでした。一方、映画だとそういう制限もとっぱらわれるので、『マインド・ゲーム』では出来るだけ動かして、勢いのあるアニメになるといいなぁって。実際は映画でも制限はあるし、動かすのも大変なんですけどね。

とはいえ、ずっと動いているわけではなくて、あまり動かしてないシーンもあるんですよ。『バンパイヤン』の止まってる絵のときは突っ立ったポーズが多かったんですが、『マインド・ゲーム』ではいつも状況に合わせて自然なポーズを取らせるようにしていました。映画ということもあって、短編より一歩進んでいるかもしれない。

いまは、静かな会話シーンで絵が止まっていても退屈しないような絵作りをするよう心がけています。それはやっぱり『バンパイヤン』でやってみて、上手くいかなかった止め方の反省でもありますね。

僕が〝動き〟にこだわっているのは確かで、あまりほかのアニメでは見られない動き、最近のアニメでは普通は表現しないような動き、分かりやすく簡単でもなく、下手すると大変な作画になるリアルな描写をコスパよく描いた動き、そういうのが好きだし、挑戦するのが楽しい。だって、発見がありますから。

――そういう意味でも『マインド・ゲーム』は湯浅さんにとっては大きなチャレンジだったんですね。でも、そもそもなぜ、アニメにするには難しそうなネタを長編1作目に選んだんですか？

湯浅　森本（晃司）さんの『音響生命体ノイズマン』（97）をやっているとき、アニメーター界隈でロビン西さんの漫画『マインド・ゲーム』が話題になっていて、アニメ化の話もあった。で、僕に声がかかったんです。

（監督を）引き受けたのは、自分に監督をやらせようなんて奇特な方がいたことと、やっぱりロビン西さんの漫画が面白かったから。漫画の絵を下描きもせずに

描いていて、まるで殴り描きのよう。でも、自分の想像や確かな記憶から描かれた絵なので、模写ではなくちゃんと自分の絵になっていて、バツグンに上手くて勢いがあるんです。

内容ももちろんですが、そんな個性的で特徴的な味のある絵をアニメーションで動かすことに興味があった。そういう絵って、きっちり描いてしまうと、オリジナルの魅力からどんどん離れていってしまうんですよ。だから、出来る限りラフに作ろうと考えた。勢いがあるので、きちんと作ってない感じにするのが一番いいと思ったんです。

――アニメでラフに作るのは難しいんじゃないですか？

湯浅　時間がなくて荒れてしまうことはありますが、どんどんきれいに補正されていく作業工程がアニメなので、ラフでコントロールされた画をアウトプットまで持っていくのは確かに難しい。なので、出来るだけそういう意識をスタッフの末端まで届かせる努力はしつつ、写真や実写を持ち込み、それを合わせることでコントロール出来ない工程を作り、なじませすぎないさじ加減でラフさを出すよ

うにしました。
　タッチ塗りを多用して情報量も曖昧にして、いろんなタイプの絵が混ざって雑多な感じがありながらも、なんとなくそれらが一体になっているように見えると成功かなと考え、バランスを取っていきました。最後に主人公が見る世界のイメージが、その雑多な一体感だと考えたんです。

一瞬で世界が一変したある〝気づき〟

――なるほど。いろいろと試行錯誤があったんですね。

湯浅　やはりテーマが主人公の気持ちや心だったから、それを客観的な、きちんとした普通の映像で表現するのは、難しいと思います。
　たとえば、冒頭シーンの主人公は、まだ周囲に注意を払っていない意識なので、周囲をぼんやりと描き、彼が意識して見るものはきっちり描く。冒険を繰り広げるなかで、主人公が世の中の面白さに気づくようになったら、周囲をはっきり描く。ちゃんと見えるようになったから。そうやって画を主人公の心の動きに連動

させていったんです。

主人公が、世間より気分的には安住出来る場所に行ったとき、若いスタッフから「そこに安住しているのが、なぜいけないのか?」「主人公はなぜ出ていくのか?」という疑問が出て、安住することを否定はしないものの、主人公が外に出ていく理由を説明する必要が生まれたんです。

そのときに思い出したのが、自分が大学に入った頃のこと。絵を描く自分は少しクリエイティブだと考えていて、周りの人とはちょっと違うくらいに思っていたんですが、ある日、気づいたら、周りの人も必ず何かしらクリエイトしていて、自分はそのなかで暮らしていた。生まれたときから、誰かが造った建物や道を使い、誰かが縫った服を着て、誰かが調理したものを食べ、誰かが作った道具を使って暮らしていた——。それに気づいたとき、パンと一瞬で世界観が変わったんですよ。

それを具体的に知っていくのは『しんちゃん』の設定をやり始めて。「そうか、世の中って案外面白いんだな」とか「いろんなものがあるんだな」「いろんな人が

いて、たくさんの人がこの世界をつくり上げているんだ」とか、少しずつ知っていくことになりましたが、そんな〝気づいていく面白さ〟を主人公に経験させて、外に出ていく理由にしたんです。何か重要なことに気づいたとき、知ったときの高揚した気分と、世界が変わって見える感じを表現したかったんです。

コラージュ表現のこだわりと映像で語るストーリー

――写真や絵をコラージュして使っているのも面白いですが、その使い方に何かこだわりはあったんですか。

湯浅　それにも法則を設けました。主人公が興味あることは、ちゃんと描写された絵や写真になっていて、興味のないところは断片的に、一部写真をべたっと貼っただけの情報量の少ないものだったり、大きく歪んだ線になっていたりするんです。

あとキャラクターがシンプルなので、アップにするともたない。どんどん描き

込むという手もあるけれど、それならいっそのこと実写の顔のほうがいいんじゃないの？　という判断を下しました。主人公も人の顔には興味があると思うので、そこはきっちりと表現したんです。

　自然現象も同じで、実は常々、時間がかかって描きづらい画を頑張って再現するより、実写を使ったほうがいいのではないかと思っていたので、本作でそれを実行したんです。意外と上手くいったかなって。

――ストーリーをセリフではなく、映像が語るように作っているということですよね。というのも、『マインド・ゲーム』は公開時に観たとき、よくストーリーが分からなかったんですが、観直したらよく分かりました（笑）。

湯浅　それってデ・パルマと同じで、僕の作品も二度観ないと分かんないってことですかね（笑）。

――デ・パルマの映画はそういうのが多いし、本人も「映画は何度も観るべき芸術だ」と言い切っていますからね（笑）。

湯浅　公開当時、確かに「ストーリーがない」とよく言われたんです。「あれ、

あるつもりなのに、なんで？」って。ストーリーはごくシンプルですが、起伏には富んでいる。とっちらかった表現が意味なく見えるのかもしれないけれど、そういう構成は多様性を描きたかったからあえてやっているんです。

でも、間違ってないとは感じつつも、みんなが思うような〝ストーリーを描く〟というのは、その後の大きな課題になりましたね。僕としては、キャラクターの一面、二面だけを表現するのではなく、いろんな側面を描きたい。キャラクターをどんどん掘り下げていくと奥があり、際限なく掘れていくような感じ。これは、僕が世界を見ている感覚に近いんですよ。

名誉ある賞よりたくさんの人からの「面白かった！」が一番嬉しい

――『マインド・ゲーム』は今回観直して、いわゆる意識の流れを映像化しているんだと思いました。だから、コロコロと変わっていく。その変化をストーリーに落とし込んだところが湯浅さんらしいのかもしれませんね。

湯浅　うーん、でも、結果的にはヒットしなかったし、悪いカードもたくさんもらったので、いろいろ考えるきっかけにもなりましたね。

――ヒットはさておき、『マインド・ゲーム』は文化庁メディア芸術祭のアニメーション部門の大賞をはじめ、国内外のさまざまな賞を獲得しました。長編デビュー作で、この高評価は嬉しかったのでは？

湯浅　賞をいただくというのは名誉なことだと思っているし、少なくとも選んでくださった方が僕らの作品を面白がってくれた証しだと考えれば嬉しい。スタッフの仕事に対する栄誉だと思えば、大変ありがたいことだと思います。それに、賞をもらった作品ということで注目され、少しでも観てくれる人が増えれば、それに越したことはない。

　でも、正直、僕が欲しいのは、たくさんの人が観てくれて「面白かった！」と言ってくれること。それが一番嬉しいんです。

――ということは、目指せ『君の名は。』？

湯浅　（笑）いやあ、そういうわけでもないんですけどね。何というか、もっと

たくさんの人が喜んでくれるだろうと思って作ったのに、結果としてそうはなってない。その理由を知りたいとは思っています。

――では、『マインド・ゲーム』ではどんな発見がありましたか？

湯浅　長編を作るときにはキャラクターのバックストーリーが必要だということですね。どういう経験を経ていまに至るのか？　それからどうなるのか？　クジラのお腹のなかで出会うじいさんは30年間、そこでひとりで暮らしていたという設定ですが、そのじいさんのバックストーリーをスタッフに協力してもらいながら考えたんです。原作にもなかったので、その部分はオリジナルになる。面白かったのは、同じ出来事でも世代によって感じ方や受け取り方が違うところ。そういう〝違い〟も意識してバックストーリーを作ったんです。

　そして、もうひとつ、もっとも重要なのはストーリーだということ。観客の多くはストーリーを楽しみに映画を観ている。また、彼らは、思ってもいない展開より、自分が望む方向へストーリーが進むのを望んでいるんだろうと思いましたね。僕は多くの人が求めるストーリーを作れなかったので、それは大きな課題になりました。

ぼくの
お気に入り

好きな劇場版アニメ

『ルパン三世 カリオストロの城』

1979年公開／日本
原作：モンキー・パンチ　監督：宮崎駿
声の出演：山田康雄、小林清志、増山江威子、井上真樹夫 ほか

『マジンガーZ対暗黒大将軍』

1974年公開／日本
原作：永井豪とダイナミックプロ
監督：西沢信孝
声の出演：石丸博也、田中亮一、江川菜子 ほか

『銀河鉄道999』

1979年公開／日本
原作：松本零士　監督：りんたろう
声の出演：野沢雅子、池田昌子、肝付兼太 ほか

僕のベスト劇場版アニメはこの3本です。中学生の頃に観た『カリ城』は初めて劇場で笑った映画。ルパンが城の屋根を駆け降り、勢いづいて隣の塔に飛びついてピタっと張りついたあとズルズルと落ちていったり。いわゆるカートゥーン的な演出が面白くて。さらに、銭形が「こんなところで偽札を見てしまった」などのセリフをあえて棒読みにしたり、水を通した顔がヘンに歪んでいたり……笑うシーンが山積みだったんです。僕、映画やTVを観てもあんまり感情とかを出さないほうなので、「あ、いま笑ってるなオレ」みたいな。当時は入れ替えがないのでそのまま3回観て、ついでに同時上映の『Mr.BOO!ミスター・ブー』も2回ぐらい観てしまった。昔の劇場あるあるですよね(笑)。

　もう1本の『銀河鉄道999』は「やられた感」でいうと劇場用アニメナンバーワンです。TVシリーズは主人公の鉄郎が銀河を旅をして、それが結構長いという印象ながら、最後にはどうなるんだろうという好奇心もあったんです。そういうときにこの劇場版が公開された。まさに「待ってました!」ですよね。どう見てもハンサムとはいえなかった鉄郎がかっこよくなり、キャプテン・ハーロックやエメラルダスまで登場していて

キャスティングも豪華。もちろん劇場版でクオリティも高かったし、そもそもやっと結末を観ることが出来たわけです。満足度が高ったんですが、それと同時に「ノセられてしまった感」が強くて(笑)。

でも、『999』は「ノセられた感」の一番じゃない。その最高峰は間違いなく『マジンガーZ対暗黒大将軍』です。当時、小学4年生くらいだった僕はマジンガーZが壊されるというところにとても魅力を感じていたんです。で、この作品が公開される数年まえ、僕は「マジンガーズ・クラブ」というのに入会した。会員証としてメタル製の会員証がもらえて、そこに描かれたマジンガーZのデザインが、僕たちの知っているのとは違っていて驚いたんです。当然、「これは一体!?」となって、映画公開直前には子供TV雑誌の見開きに、ぼろぼろにやられたマジンガーZが敵に取り囲まれているなか、遠くの山の頂きに、もう一体のマジンガーZのシルエットが見えた。そのデザインが会員証のマジンガーZと同じなんです!!!「もしかして会員だけが知っている!?」にもなる。純粋な少年はヤラれちゃうでしょ?(笑)。ワクワクして映画を観たら、そのシルエットの正体はグレートマジンガーだということが分かり、早い話『マジンガーZ』と『グレートマジンガー』をつなげる役割を果たす映画だったんですけど、まんまとノセられちゃったわけです(笑)。

僕の好きな劇場版アニメ3本は普通、『エースをねらえ!』を入れるんですけど、今回はこの『マジンガーZ〜』を入れます!

#3

初のTVシリーズ『ケモノヅメ』とSF作『カイバ』。同じスタッフでやることで感じたチームの成長。

『ケモノヅメ』

食人鬼を狩るための戦闘集団「愧封剣」の師範代でありながら、食人鬼と恋に落ちて逃亡する俊彦。そして、禁断の愛を選んだ俊彦を追うことになる弟の一馬。それぞれの思惑と葛藤を描いたホラーテイストの痛快バイオレンス・ラブ・コメディ。湯浅政明初となるTVアニメ監督作品。

製作年：2006年　原作：湯浅政明、マッドハウス　監督・シリーズ構成：湯浅政明　キャラクターデザイン：伊東伸高　アニメーション制作：マッドハウス　キャスト：木内秀信、椎名へきる、吉野裕行、柿沼紫乃、内海賢二、 筈見純 ほか

『カイバ』

第12回文化庁メディア芸術祭アニメーション部門優秀賞受賞作品。すべての記憶をなくしたカイバは、記憶を狩る兵器「スコンク」に襲われそうになる。自分を知る男ポポに助けられたカイバは、宇宙旅客船に密航して、記憶を取り戻す旅に出る。

製作年：2008年　原作：湯浅政明、マッドハウス　監督・シリーズ構成：湯浅政明　キャラクターデザイン：伊東伸高　アニメーション制作：マッドハウス　キャスト：桑島法子、能登麻美子、朴璐美、江川央生、藤村歩 ほか

――前回、『マインド・ゲーム』での課題はストーリーだとおっしゃっていました。TVシリーズの『ケモノヅメ』(06)は、湯浅さんのオリジナルストーリーです。

湯浅 そもそもストーリーが作れなかったので、じゃあ作ってみようと考えていたところに、マッドハウスの丸山(正雄)さんが「何かやってみなさいよ」と声をかけてくれたんです。そういう流れのなかで生まれた作品が『ケモノヅメ』だった。

――監督・湯浅さんにとっては初のTVシリーズですね。

湯浅 そうです。ラブストーリーにしたのは、一番分かりやすいジャンルだと思ったから。

――湯浅さん、意外とラブストーリー多いですよね？ 好きなんですか？

湯浅 僕が好きというより、みなさんが一番好きなジャンルなんじゃないかと思っているんですけど。それも『ロミオとジュリエット』のような、障害が大きければ大きいほど燃えるようなラブストーリー。だから『ケモノヅメ』では食人鬼と、それを狩る者の話にした。

――障害つきのラブストーリーとはいえ、それはかなり異色だと思いますが(笑)。

湯浅　大真面目にやると破綻が怖かったし、B級映画っぽいノリが大好きだったので、ちょっとトンチキな雰囲気を出したいなあと思って（笑）。濃い大映TVみたいなノリで、クスクス笑えるような感じ。

その頃は、残虐な描写に弱くなっていた自分を感じていた時期でもあったので、あえてスプラッタな感じにしました。子供の頃に読んだ連載漫画は、作者自身も先の展開を決めないまま描いていた作品も多くて、『ケモノヅメ』も、まるで出たとこ勝負のような感じに作っていったんです。そんな大雑把な濃いストーリーに合う絵として、テレビアニメの絵のひとつの金字塔だと思っていた『タイガーマスク』を意識してああいうキャラデザインになったんですが、それが上手く見えない、雑、ちょっと怖すぎるという意見もあって「あ、そうなんだ」と。いや、本当に難しいと思いました（笑）。

脚本も担当することで、演出的な構成のノウハウを勉強していった

――脚本のほうはどうでした？

湯浅　最初、脚本は自分で何も思い浮かばなくて、脚本家の方をつけてもらった。そうやってストーリーの作り方を学ぼうとしたんです。ところが、それ以前に脚本家とのつき合い方が分からない。おそらく「こういうのを作りたいんですよ」というふうに自分でリードしていけばよかったんだろうけど、さまざまな要素や可能性を削りながらストーリーを絞り込んでいくことが難しくて、出来上がったのは自分が求めていたのとはまるで違うストーリーだった。

そういうコミュニケーションの取り方が下手だったせいで結局、脚本家が外れてしまい、自分で書くことになったんです。でも、逆に開き直って覚悟が決まったのか、脚本家の方が作った1話の構成に、自分で考えたエピソードを入れていくと、執筆作業が進み始めたんです。ところが、何本か進めたあと、それでも大変だろうと、助けが数人入って脚本会議が開かれることになったんです。

僕が「キャラクターが変化するプロセスを、まるで日が沈むかのようにだんだん変わっていく感じにしたい」と提案したら、「何かきっかけをつくらないと、視聴者は気づかない」と言われ「あ、そういうものなんだ」って。少しずつの変

化だと気づきにくく、ポイントをつくって一度に大きく変えたほうが分かりやすいし、それがストーリーの展開につながるってことらしい。

それまで『マインド・ゲーム』のときみたいに、エピソードを面白く組んでいくことしか考えていなかったし、面白いシーンをつなげて変化が描けていればストーリーになるとも考えていたけど、それだけじゃダメなんだ……というふうに演出的な構成のノウハウをいちいち勉強していく感じでした。

演出という仕事を、いろんな側面から考えるようになったのは、このときからだと思います。

いろんなジャンルの人気作品からヒントを得た、シリーズものの作り方

――シリーズものの作り方としては、どういうことに気づいたり、気をつけたりしたんですか？

湯浅　当時『やまとなでしこ』(00)というお金に執着する女性をヒロインにした

人気のＴＶドラマがあって、このシリーズには毎回「世の中、お金じゃないのかもしれない」とヒロインの性格が変化してしまいそうなシーンがある。でも、思い込みが強いキャラなので、次のエピソードの冒頭では元のお金執着キャラに戻っているんです。

つまり、1話完結っぽいシリーズものはキャラクターが一定していないとダメで、『ドラえもん』ののび太のように、成長しそうな出来事があっても、常に次回では必ず元に戻っているというのもある。その一方で、そういうふうにつなげておいて、最終回でコロンとひっくり返るというのもある……シリーズって、いろんな作り方があるんだということですよね。

中島らもさんの『ガダラの豚』というエンタメアクション小説も、気になる点を残しておいて、一旦終わったように見せ、のちにそれが大問題になるとか、人が死んでもあまり引っ張りすぎないよう、次の話に進んでスピード感をつけるとか。そういうドラマや小説が、進行の仕方を学ぶ上でとても参考になりましたね。

——なるほど、いろんなところから吸収しているんですね。

湯浅　『ケモノヅメ』の場合、僕はラストをハッピーエンドにしたかったんです

よ。でも、「この流れじゃあ、そうはならない」と言われて「そういうものなのか」「それまでの展開で、すでにオチが決まってしまうのか？」って。じゃあハッピーエンドを納得してもらうにはどうすればいいのかを考えたり、「これとこれを対峙させたほうがいい」とか「同じシチュエーションをふたつ作って対比させ違う答えを出す」などの意見をもらって考察してみたり。僕としては「だからってどうなるの？」という感じだったんですが、そういう意識でやってみて、のちに「そういうものなんだ」と納得する場合もありましたね。

　いろんな人気作品の感想を見てみると、伏線を張って回収していくだけでも面白みにつながっているようだったけれど、僕としてはただの回収に面白みは感じない。どんでん返しがあっての伏線回収ならまだ分かるんですが……気配を表現する演出は作画的にも好きだったんですけどね。いや、本当にみんなが喜びそうな演出ってホント、分からないことだらけ（笑）。

　まあ、そんな感じで、自分が面白いと思うエピソードをつなげてストーリーを作り、それをセオリー的な構造に落とし込んで、脚本を書いていったんです。先を考えずに作っていく方法もスタッフからすると難しかったみたいで、なるほど、

やっぱ先のこともきちんと決めておいたほうがいいのかなって（笑）。

『ケモノヅメ』の経験が活かされた『カイバ』

——そんな経験を活かして作ったのが、次の『カイバ』（08）ですね？

湯浅　最初からオチや、先の展開を見据えて作っていきました。テーマ的なことはやはり制作の中盤までハッキリしなかったですけど（笑）。

前回、反応がよくなかったキャラクターのデザインも今回はシンプルに黎明期のアニメのテイストでまとめ、シンプルにソフトにかわいらしさを目指しました。『ケモノヅメ』で使ったメインの色は原色っぽい赤と青だったので、『カイバ』では原色は使わず、さらに昔のカートゥーンが退色したような感じを出すことにしたんです。派手な色がなくても、淡い水色や茶色、肌色、黄緑が合わさると、独特の美しさが生まれる。ちょっとアールヌーボー時代の印刷物のような感じもある。記憶についての話なので、そういう古い感じは合っているとも考えました。

それに、『ケモノヅメ』のときは時間もなくて、状況に合わせてハッキリ画面

全体の色を変えたので、まるで信号機のようだった。そういう反省点もあって、色指定に関してはもっと細かくやりましたね――実際、やってみると大変でしたが。

また、『ケモノヅメ』では、背景に写真を使うことで結構苦労したというのもあって、今回は想像だけで背景が描けるシンプルなものにしたんです。

――キャラデザインも一転してかわいいですよね。昔の手塚治虫キャラっぽい感じがしました。

湯浅　キャラ設定をやってる伊東（伸高）さんが手塚治虫ふうに的を絞ってきたので、僕もそれでいいと思い、以降は手塚治虫を意識しましたね。

僕はもともと、黎明期のアメリカの古いアニメーションが好きだったんです。ハンナ＝バーベラの作品や、（マックス・）フライシャーのベティ・ブープとか、ディズニーでも初期の作品とか。曲線を活かしたフェティッシュな感じ、いいよなーって。手塚治虫もディズニーのファンだったから、そういう意味では共通点があったんだと思います。それに、『ケモノヅメ』が怖かった人もこっちなら取っつきやすいんじゃないかと思いました。

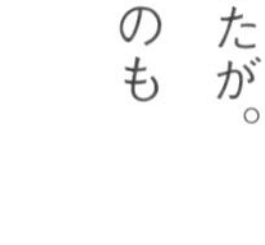

『ケモノヅメ』チームで挑んだ新たな挑戦……そして次なる課題も！

——美術的にも、今回はSFというのもあり、いろいろな挑戦があったのでは？

湯浅　ストーリーはSF色が強く、記憶をデータ化するようなものなのですが、それをリアルに緻密にやるのではなく、記号的におとぎ話のようにやってみたんです。

最近、やっと『攻殻機動隊』（『GHOST IN THE SHELL／攻殻機動隊』（95））に似ているんだということが分かってきたんですけど（笑）。確かに、記憶を入れ替えたりする話なので、ちょっと似ているんですが、誰かに言われるまで気づかなかった。『攻殻機動隊』はハードだったけど、『カイバ』は漫画っぽく、分かりやすく描くと決めてやっていたので、内容がつながるとは思っていなかったんです。

——スタッフは『ケモノヅメ』からのメンバーですね。

湯浅　そうです。それぞれ成長しながら、やりたいことも徐々に分かっていくので、同じチームでやるのはいいなと思いましたね。各話の演出がいて、スタッフも多かったんですが、みんなで一丸になっていたし、僕もスタッフそれぞれの個性を活かすように努力しました。

そういうこともあってか、画的には、この作品がもっともノッていたんじゃないのかな。アフレコのときも、第4話まで色がついていたんです。ＴＶアニメの場合、こういうことは滅多にない。一番安定していたと思います。

——それでも、何か課題は残ったんですか？

湯浅　ラストのまとめ方。ちゃんと考えたつもりのラストだったんですが、それでも不満を抱えるスタッフが結構いて、みんながいいと思うラストってどういうんだろうと思いましたね。

——なるほど。とはいえ本作も高い評価を受け、文化庁メディア芸術祭アニメーション部門優秀賞を受賞しましたね。

湯浅　だからなのか、ある人に、「**賞はもらえるね**」って言われたことがある（笑）。

——「賞は」というところを「賞も」に変えたい？

湯浅　そうですね。1回は認めて欲しいという気持ちは強いですよ。

――いや、すでに認められているのでは？

湯浅　うーん、そうなんですか？　よく分からないんですよ、そのへんのことが。

――賞よりもヒットが欲しい？

湯浅　そうですね……ぐうの音も出ないほどの大ヒットが欲しいのかもしれない（笑）。

ぼくの
お気に入り

#4

好きなアニメーター

テックス・エイヴァリー

アニメーター。1908年2月26日、アメリカ生まれ。ハリウッドにおけるカートゥーン黄金時代を築いたアニメ監督のひとり。バッグス・バニー、ダフィー・ダック、ドルーピーなどの人気キャラクターを生み出した。

ウィンザー・マッケイ

漫画家、アニメーター。1871年9月26日、アメリカ生まれ。新聞の連載漫画『夢の国のリトル・ニモ』を自身初のアニメーション『リトル・ニモ』として発表。代表作『恐竜ガーティ』は1万枚の絵によって作成された。

森康二

アニメーター、絵本作家。1925年1月28日生まれ、鳥取県出身。政岡憲三が演出を手がけた『くもとちゅうりっぷ』や米国のカラー短編漫画に感銘を受け、アニメの道へ。『わんぱく王子の大蛇退治』（63）で日本初の作画監督を務めるなど、日本アニメーション界の基礎を確立した。

海外のクリエイターなら、やっぱりテックス・エイヴァリーです。極端な演出が多く、同じようなストーリーもあるんですが、どれをとっても面白い。音を出しちゃいけないという状況のとき、思わず大声を出しそうになって口をふさごうとしたら、手足がすべてふさがっていたので、尻で歩いて部屋から飛び出すというエピソードがあり、その発想にびっくりしたんです。これはしんちゃん（『クレヨンしんちゃん』）のお尻歩きにも影響がありますね。また、毒を飲んで気持ち悪くなったら、急に飛行機の形になって飛んで行き、そのまま墜落するという演出もあった。病気になって死にそうになったら突然コインを出し、それを弾

きながら倒れていくとか。もう発想がとんでもない。エイヴァリーはあらゆる突飛なアニメーション表現を創造した人だと思います。

　マッケイはアニメーションの黎明期の人で、日曜新聞一面の漫画も描いていた人。その画は引きが多く、目もちゃんと描いてない。幻想的な表現も魅力的で、独特の味わいがあって好きなんです。『リトル・ニモ』（1911）とか『恐竜ガーティ』（1914）とか、あと史実を基にしたサイレントのドキュメンタリーふうアニメーション『ルシタニア号の沈没』（1918）というのもある。アニメーションの普及や発展に尽力した人なので、彼の名前を冠した賞（ウィンザー・マッケイ賞）があるんだと思います。

　日本のアニメーターはたくさんいるんですが、ひとりだけとなると森康二さんを挙げます。『こねこのらくがき』（57）から『こねこのスタジオ』（59）などを観ていると、もうこの時点でギャグアニメの動きが完成形に近いかたちで出来上がっていることが分かる。かわいいんだけど、しっかりした立体的なデザインの絵を描く方ですが、日常的な芝居を描かせると群を抜いて上手かったのではないかと思います。高畑（勲）さんの『ホルスの大冒険』（『太陽の王子 ホルスの大冒険』（68））に好きなシーンが2カ所あるんですが、あとでその両方とも森さんが担当されたパートだと聞いたし、『西遊記』（60）でも、僕の好きなパート、強烈な印象があるシーンは森さんでした。もうひとつは『わんぱく王子の大蛇退治』（63）。日本で初めての作画監督だったといわれていますが、あのシンプルなキャラデザインも大好きです。だから、森さんを好きで観ていたというより、好きなところは全部、森さんだったというパターン。記憶に鮮明に焼きついているシーンを担当したのが同じアニメーターだったというのは、ちょっとすごいなって（笑）。

『四畳半神話大系』

でも痛感した、原作ものをアニメ化するときに大切なこと。

『四畳半神話大系』

第14回文化庁メディア芸術祭アニメーション部門大賞受賞作。「薔薇色のキャンパスライフ」を夢見る大学3回生の「私」。だが、現実の生活は正反対のものだった。「サークル選びを間違えなければ」という思いを胸に1回生に戻り、その後の大学生活を並行世界で体験するが……。

製作年：2010年　原作：森見登美彦　監督：湯浅政明　シリーズ構成・脚本：上田誠　キャラクター原案：中村佑介　キャラクターデザイン・総作画監督：伊東伸高　アニメーション制作：マッドハウス　キャスト：浅沼晋太郎、坂本真綾、吉野裕行、藤原啓治、諏訪部順一、甲斐田裕子 ほか

――続いて『四畳半神話大系』(10)ですね。森見登美彦さんの同名小説をアニメシリーズ化した作品です。フジテレビのノイタミナでオンエアされました。私は今回、配信で観たのですが、繰り返しが多いので配信でまとめて観るのには向かないと思いました。これはTVシリーズで1話1話楽しむことに意味があるんじゃないでしょうか?

湯浅 分かります。実際、3話で挫折したという人もいましたから(笑)。

――それに、原作を読んでいない私は、これを文章ではどう表現しているんだろうと疑問をもってしまいました。映像だからこそ成り立つ構造だったように思ったのですが。

湯浅 いや、原作も同じ感じなんですよ。同じ文章がコピペで何度も出てきたりする。あれ? これ読んだんじゃないかなって。読みづらいという意見もありますけど、それがストーリーの伏線になっている。TVシリーズにするにあたっては、4つの話を膨らませて11話にしています。

――アニメ化しやすい小説なんですか?

湯浅　やっぱりしづらいと思います……というより、大変難しい（笑）。なぜかといえば、原作でもっとも面白いのは文章そのものであり語り口。主人公がずっとひとりで喋っている、その文章なんですよ。僕の役目はその面白さを出来る限りアニメに落とし込むことで、そのためにはいろんな置き換えが必要になる。たとえば占い師のばあさんが言う〝コロッセオ〟の表現についても、そのままでは納得させるのが難しく、アニメに有効な形に変更してみたりしました。

――その主人公が、難解そうな言葉を理路整然と並べて、とうとうと喋っているので、なんだか押井（守）さんみたいだなーって思いましたけど。

湯浅　押井さんも舞台、お好きですもんね。今回の脚本は、舞台などのマルチな活動で知られる劇団、ヨーロッパ企画を主宰されてる上田誠さんにお願いしています。僕は初めて組む方。キャラクター原案も、原作小説の表紙イラストを描いている中村佑介さん。彼も僕は初めての方でした。

最初の脚本は、小説のストーリーを要約して、状況と登場人物の紹介に絞ったものになりました。話としてはシンプルであまり起伏がなく、アニメで退屈しな

いよう、視聴者の意識を持続させるのは難易度が高いなと思いました。それ以前にオリジナルで作った『カイバ』（08）の第1話を、異世界で謎が謎を呼び謎のまま終わらせたら、視聴者の多くが離脱したという苦い経験があったので、たとえプロローグであっても、娯楽的な満足感は得られるようにしておきたいと考えたんです。事件が何も起きない静かなアニメで、視聴者を退屈させない自信がなかったんです。

そこで僕は、森見さんの小説の個性と魅力である語り口を活かすしかないと思い、原作のエピソードも脚本に追加して、たくさんのモノローグを詰め込みました。とにかくやたらと主人公が喋るようにしたんです。それも、小説を読んでいるスピードに出来るだけ近く。もちろん、黙読のほうが圧倒的に速いんですが、それに近い印象にしたかった。

——速さが重要だったんですね。

湯浅　そうです。もしゆっくり喋っていたら、さほど大したことを語ってないことがばれすぎちゃいますから（笑）。昔の文学者のような喋り方をするくせに、内容は自分が女性にモテない言い訳をどうにかひねり出そうとしているだけ。そのアカデミックな口調とくだらなさのギャップが小説を読んでいるときの面白さなんです。なので、めちゃくちゃ速く喋れば、森見さんの小説のもっとも面白い部分が少しでも表現されるんじゃないかなと考えたわけです。原作を読んでいる人、ファンの人たちもおそらく、その面白さを期待してしまうだろうと思ったので。

〝アニメ的冒険〟と〝京都らしさ〟を出すための工夫

——そもそも、この企画はどうやって始まったんですか?

湯浅　フジテレビとアスミック・エースが声をかけてくれたんです。条件として脚本家は上田さん、キャラクター原案も中村さんというのがありました。原作者の森見さんの唯一の注文は「京都らしさを出して欲しい」というもの。森見さんとは、彼が東京に来られているときにお会いしました。とても活字が好きそうな、

まさに文筆家という印象でしたね。

脚本の上田さんも劇団が京都なので、京都の土地勘なども分かる方。森見さんとは同世代だし、彼のほかの作品も準備していたりして、ふたりはもうツーカーの感じでした。

また、中村さんのイラストは黒白に色を挿した感じなので、アニメの場合も肌に色を使わなくていいんじゃないのって。これはアニメ的には冒険なんですが、「やってみよう!」ということになったんです。なのでキャラクターの肌に色は使わず白いまま。白黒で作って1色、2色、色を挿す感じになっている。背景も同じです。

みなさん、漫画は白黒でも文句言わないのに、アニメになると「なぜカラーじゃないの?」と言う。そういう意見へのアンチテーゼといってしまうと大げさですが、ちょっと冒険してみたんです。しかし、極端にカラフルな色を使ったイメージシーンの印象が強いせいなのか、カラフルな配色の作品と捉えている方が多かったですね。それも発見でした。

――今回は写真も使っていますね。

湯浅　そうです。原作に出てくる場所のイメージが『ケモノヅメ』と違って実際ある場所をモチーフにされている場合が多いので、写真は撮りやすいだろうと思いましたし、「京都のアニメ」っていうのを表すにも、実際の場所をなぞって描き起こすより写真を使ったほうがよいと思ったんです。京都まで行って、実際に舞台のモチーフと思われる場所の写真を撮り、それを絵的に歪ませて使っています。主人公が住んでいる寮も（京都大学の）吉田寮がモデルだと思われたので、写真に使わせていただきました。あとは背景に意味なく古い和柄を使ったり、木々の緑にも和柄を使いました。それは美術コンセプトデザインの河野羚さんの発明ですが。グラフィックな感じも京都らしくなるのではと考えたんです。

これという正解もない原作ものは〝自分の解釈〟がとても重要

――なるほど。このあと、森見さんの『夜は短し歩けよ乙女』も手がけていらっ

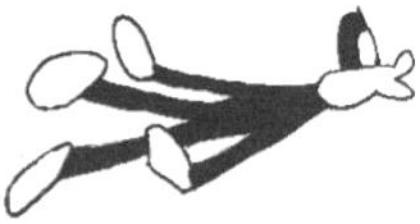

しゃるので、その話はまたお伺いしますが、原作ものの映画化は本作に限らず、やはり難しいんでしょうか？

湯浅　簡単ではないけど、どうやったら読書感と同じ感覚をアニメで与えられるのか、それを考えるのも楽しみのひとつですね。僕の場合は、自分で原作を読んだときの面白かった部分や、自分のなかに湧き上がったイメージをアニメに置き換えることに注力している。とはいえＴＶだと限られますけど。

――ということは、小説を映画化する場合、そのままではなく自分の解釈を重要視するわけですね？

湯浅　んー。〝そのまま〟の解釈が難しいんですが、小説だと文章のままの台詞、漫画だと絵のままの画面、吹き出しままの台詞とも捉えられますが、自分にとっての小説や漫画は、読んだ人の解釈によってそれぞれ違うものだと思うんです。つまり、作者の意図が正しいとはいえないし、これという正解もない。アニメという媒体は一定の時間で絵や色、声、音、風景をひとつに限定してしまうので、それぞれの〝それ〟に応えることは出来ない。

だから、〝自分の解釈〟というのは、自分が読んだ〝まま〟を、限定された20分のアニメのなかに落とし込むという意味です。出来るだけ作者の意図や他者の読みも考慮に入れますが、最終的にはやはり自分の〝読み〟。自分の解釈（読み）が確立したら、原作者の意見であっても、あまり聞きたくないと思ってしまいますね。もちろん、企画がスタートしたときには、原作者の方の話をお伺いしますし、ヒントもいただく。そして、その意見を踏まえた上で自分の解釈を固めていくというプロセスを取っています。最初はやっぱり一度、普通に読んで自分のフィルターを通し、そのなかに生まれた解釈を確認してみる。そのプロセスがないと原作からアニメへと移し替えられないんです。過去に読んでいたら、そのときの印象を大切にするし、読み直して新しい発見があれば、初見でも分かるようにその発見をアニメに分かりやすく入れ込む。

　媒体が違うので、文字や絵をなぞっただけでは、読んだ人がその作品だと思っている〝そのまま〟にたどり着かない。だからといって自分の〝読み〟はやっぱり自分の〝読み〟でしかない。でも自分が監督となった以上、自分の解釈という

のはとても重要で、それに忠実でないと、作家が作ったような筋の通った作品を作ることも出来ないと思っています。

そもそも〝原作通り〟の定義は曖昧。そのなかで特に意識していること

——湯浅さんの解釈が、原作者のそれと異なる場合、それでも自分の解釈でいくということですか？

湯浅　そうです。違ってもいいと僕は思っているので。メディアが異なるのでまったく同じものを作るのは不可能だし、それぞれのクリエイターが自分の解釈で作ったほうが媒体のトランスレートとして正しいと思う。大切なのは作家や作品へのリスペクト。アニメはライブと違って残るものだから、毎回、同じ形でやるのも意味がないですし、この時代だからこその解釈で、というのが作品を作る意味になると思います。

たとえば赤穂浪士の物語もそうですよね。小説から映画、テレビ、いろんなバージョンがある。それも時代をまたいで作られています。だから、それぞれをそれぞれが楽しめばいいと思うんです。

――そうですね。みなさんの大好きなジブリ作品も原作がありつつ、まるで違いますからね。

湯浅　そうそう。宮崎（駿）さんのように原作からネタをもらって、あとは自分流に大きくアレンジすることが以前は当たりまえでした。近年はそれぞれが考える「原作どおりに」という要求が強く、それが作品の解釈やアニメ作品としての広がりを狭めているように思います。

出来るだけ〝そのまま〟と思っても、みんなが〝そのまま〟と感じる作品は作りにくい。それでも僕が〝そのまま〟にこだわるのは、それぞれが気づかない読書感の〝そのまま〟の差異が面白いと思っているからです。出来る限り広い読者に納得してもらえるようなトランスレートに興味がある。僕の師匠でもある芝山（努）さんも、そういう作品が多かったと思いますね。

原作をどれだけ尊重するかというのは、常に問題になることではあるんです。とりわけいまの時代は、映像技術のおかげでどんな絵的な表現も可能だから、原作どおりじゃなきゃという原作ファンもいる。でも、小説には絵がなく、漫画にも動きや色、音もない。読んでいるスピードも人それぞれなので〝原作通り〟の定義が曖昧なんです。

僕は、自分の〝読み〟と、いまの時代を意識した上でしか作ることが出来ない。だからといって、好き勝手するわけじゃなく、原作が書かれた時代の読者が感じたことを、いまの時代でも感じられるように作ることが出来ればとも思っています。とはいえ、これも読む人によってみんな違いますし、時代とともにも変わるんじゃないかと思っているんですけどね。

――時代における解釈は確かに大きいですね。シェイクスピアを現代に翻案する面白さもそこにあるわけだから。

湯浅　シェイクスピアは16世紀の価値観で書いているわけで、当時と同じまま演じれば、いまの読者や観客が当時の人々と同じように感じるとは思えない。それそれの時代に読んで、どういうふうに感じたかが大切だと思ってますし、その一方で、作者がその時代に表現しようとした意図と、当時観ていた人たちの受け取り方も大事にしたいとは思っています。

同じ原作ものでいうと、『DEVILMAN crybaby』も、もし永井豪さんがいまの時代にこの話を発信していたらこうなるんじゃないのかという、自分なりの解釈を大切にしましたね。

#5

ぼくの
お気に入り

アニメ化してみたい小説

『発狂した宇宙』
（フレドリック・ブラウン）

1949年に刊行された長編SF小説。原題は『What Mad Universe』。SFならではの奇想天外さに満ちた、多元宇宙ものの古典名作で、同作者の『火星人ゴーホーム』と並ぶ傑作。

『トムは真夜中の庭で』
（フィリッパ・ピアス）

1958年に発表された、イギリスの児童文学。同年にカーネギー賞を受賞した「時」をテーマにしたファンタジー小説。BBCによる3度のテレビドラマ化や映画化など、映像化作品も多い。

『風と共に去りぬ』
（マーガレット・ミッチェル）

1936年に出版された、アメリカの作家・マーガレット・ミッチェルのデビュー作にして、唯一の大長編小説。翌年にピューリッツァー賞を受賞している。世界中で翻訳されたベストセラー。

小学生の頃からSFは読んでいて、ヴァン・ヴォークトの『宇宙船ビーグル号の冒険』などは愛読書のひとつでした。同じように大好きだったのがフレドリック・ブラウン。友人に薦められて読んだんです。ユーモアがあるし、きれいにまとまっていて、とても面白い。『発狂した宇宙』は並行世界を舞台にしたSF冒険活劇でワクワクしながら読んでいました。読んだ当時、これを漫画化してみよう！　とトライしたこともあるくらいです。

『トムは真夜中の庭で』はフィリッパ・ピアスによるイギリスの児童文学。時計が真夜中の1時を打つと、庭が違

う世界になっているという話で、たぶん『ドラえもん』などにも影響を与えたんじゃないかと思います。トムという少年が違う世界になった庭で、知らない女の子と出会い遊ぶんですが、そのオチが感動的だし、凍ったテムズ川でスケートするエピソードなども印象的。映像化されているのかな、どうなんでしょう？　もしやるなら、僕がやります！という感じです（笑）。

3本目は、映画版が有名な『風と共に去りぬ』。原作は読んでないんですが、『100分de名著』というNHKの番組で取り上げていて、その解説で興味をもったんです。映画版は観てますが、初めて観たときは「なんだこの酷いラブストーリーは」って。男性が女性を抱きかかえているポスターで「歴史的ラブロマンス」というような触れ込みだったと思います。そのつもりで観ていたら「ありえない」でしたね。僕が男だからかもしれないけれど。ヒロインが恋愛に関してはとことん自分勝手で、彼女に振り回されるレット・バトラーを含めた男性陣がかわいそうなくらい。でも、視点を変えて、女性が生き抜くために仕事をし、生きるために男だって利用するという映画なんだと思うと、違う面白さを感じました。恋敵との友情が魅力的だし。「そうか、男女のラブストーリーのつもりで観たからダメだったのか」と、そのNHKの番組を見て気づいたんです。僕は、そうやって気づくと、すぐに何かやりたくなるので（笑）、最初からそういう視点で作り直すとそうは見てなかった観客にとっても面白いんじゃないかなって。いまの時代にも合ったテーマになると思ったんです。

もしかしたら存在したかもしれない、
もうひとつの

『ピンポン THE ANIMATION』

『ピンポン THE ANIMATION』

東京アニメアワードフェスティバル2015で、アニメ オブ ザ イヤー部門テレビ部門グランプリ受賞。卓球に魅了された5人の高校生を描いた青春物語。幼馴染みのペコとスマイルは高校の卓球部に入部、頭角を現していくが、彼らのまえに中国からの留学生が立ちはだかる。

製作年：2014年　原作：松本大洋　監督：湯浅政明　キャラクターデザイン：伊東伸高　音楽：牛尾憲輔　アニメーション制作：タツノコプロ　キャスト：片山福十郎、内山昂輝、咲野俊介、木村昴、文曄星、野沢雅子 ほか

——次は、松本大洋さんの漫画『ピンポン』が原作の『ピンポンTHE ANIMATION』(14)です。この作品と湯浅さんの相性は最高だと思いました。すごい速さで動き回る球技と、動いて魅力を発揮する湯浅さんの作風なので。

湯浅 松本さんが注目を浴び始めたとき、あ、僕の画と似ていると思ったんです。個人的な感想ですが、自分の画と似ている人がヒットしてるのって嬉しいなあって(笑)。

でも、『ピンポン』になると、もっとランクが上がってしまっていて、完成度の高さもすごい。そういう作品を、わざわざアニメ化する必要ってあるのかなと思ったくらいでした。というのも、スキがあるほうがアニメ化はしやすいから。

——『ピンポン』は、湯浅さんのアニメのまえに曽利文彦監督によって実写化(『ピンポン』(02))されていますよね。

湯浅 実写版はキャスティングがよくて音楽もいい。面白かったけど、自分の読みと違うところもありました。実写ですからね。やはり実写のよさを生かした作りがいい。漫画をそのままなぞろうとした実写はまず失敗してますから。

――実写版もアニメ版も高校生には見えないんですが、アニメ版のほうは開き直ってる感じでした。とりわけあのスキンヘッドのおにいさん（笑）。

湯浅　はい、あれはギャグです（笑）。毎回、このルックスで「高校生なんかい!?」って突っ込む感じ。原作にもそういうシーンがありますし、声も高校生とは意識せずにやっていただきました。

――私は、試合に敗れ放浪の旅に出たあと、自らの卓球愛を確信するおにいさんが一番好きでしたね。ああいうキャラが脇にいると作品に幅が生まれる。それに、シリーズもののお楽しみになりますよね。

湯浅　あの江上はアニメシリーズで膨らんだキャラです。原作では一度試合に登場するだけ。海に行こうか、みたいなことを言っておしまいなんだけど、負けっぷりがすごかったので、そのエピソードの最後に海に行ったショットを入れてみたんです。で、それを入れたら、そのあとどうなったのか気になってしまって、また登場させてみた。そうしているうちに最終的に準レギュラーになって最終回まで出ることになったんです。

彼は登場人物のなかで、一番僕らと近い存在なんだと思います。たとえば、昔バンドをやっていて、大人になってやめて、それからもう一度始める人っているじゃないですか？「やっぱりオレ、好きだわ、音楽」みたいな感じで。そういう気持ちを代弁してもらった。好きなことで極めたり、飯食ったりは出来なかったけど、好きなんだから、楽しみとしてでもやっていたほうがいいじゃんって感じで。

よく出来ている原作ほど、原作とは違う要素を入れたくなる

——映画もアニメも基本、高い評価を受けている作品の多くは、脇がいい。脇に手を抜いていない。『ピンポン』もそう思いました。

湯浅　僕の場合は、脇に手を抜いてないというより、脇に肩入れしすぎて、主人公をないがしろにしてると、よく言われていました（笑）。『ピンポン』のときも、「ペコとスマイルを立てる！　これを絶対忘れないようにする！」って最初に誓

いましたから。でも、いまのお話だと、守れてなかった可能性もありますね。

――もうひとり、気になったのはスキンヘッドの風間(ドラゴン)でしたから(笑)。

湯浅　ヤバいじゃないですか(笑)！　でも、そうなんですよ。やっぱりペコのチームのキャプテンとかドラゴンに目がいっちゃうんです。

　ドラゴンに彼女がいるという設定、漫画にはないんですが、実は考えていたというようなことを松本さんがおっしゃっていたので、じゃあアニメ版はいることにしようとなった。原作漫画と同じである必要はないし、もしかしたら存在したかもしれない、もうひとつの『ピンポン』であったほうがいいと考えたからです。

　これは、原作があるほかの作品の場合でも同じです。よく出来ている原作ほど、どこか意図的に違う要素を入れて、原作とは違うことを表明したくなるんです。

大胆なパースと〝省略〟された背景

――パースの取り方も独特で面白いですね。『クレヨンしんちゃん』を思い出しました。

湯浅　松本さんの漫画自体がそうなんです。

僕、アニメーターになった最初の頃はパースを信用してなかったので、あまりつけていなかったんですよ。学生の頃、製図でパースをやると変な形にしかならなくて、自分のなかで一度パースを否定したんです。

パースは、画を自分の感覚で整えたり、整えやすいところに点をもっていかないと変な形になると思うんですが、そういう考えが精神論者だった学生時代の僕にはなかった。パースの押さえ方も、押さえなきゃいけないところと、嘘をついても気にならないところがあって、要は最初のイメージが大切。補助的にパースを使えばいい感じになることが分かりました。最初からパースの整った絵をイメージ出来ると一番いいんですけどね。

『しんちゃん』をやってるとき、何度描き直しても背景にキャラがのらなかったことがあったんですが、パースを使ったらいともあっさりのってしまった。自分で描いた背景設定がなんだか変だと思っていたら、パースのアイライン、地平線

もないことに気づきました。パース、やっぱりいるな、と思ったのが27歳くらい。僕のパースの取り方がちょっと変わっているのは、ミリ単位で考えるのではなく大胆にやっているからだと思います。自分も楽だし、観客や視聴者も空間が分かりやすいんじゃないかと思っています。昔、宮崎さんが「アニメは10秒で歩けるところを3秒で歩くのもアリ」みたいなことをおっしゃっていたのを読んで、こういう省略もありなのではと思ってますね。

——省略といえば、背景が省略されていますよね。全体的に線が強調されていて、白い印象が強い。そういうのもアニメではあまり見たことがないと思ったのですが。

湯浅 原作にも、試合に集中すると周囲が真っ白になるという描写がある。自分の学生時代がそうだったんですが、周りが目に入っていないから〝色〟を感じないんです。僕の場合、夜景がきれいなんだって感じたのは大人になってからだったし(笑)。そういう意味で『ピンポン』は、自分の学生時代と気分が重なってる部分もあります。

色のないコンクリートの壁やくすんだアスファルト、白い空に囲まれて、ひたすら卓球に打ち込んでいるペコたち。おそらく、そんな彼らの目に入る〝色〟は卓球ラケットの赤いラバーやブルーのテーブル（卓球台）だけ。最後に、卓球という世界から抜け出た者だけ、世界が色に満ちた空間に変わるんです。

――それは漫画やアニメだからこそ、ですね。実写で表現するのは難しい。

湯浅　アニメだからこそではあるんですが、実現するためには細かな指示が必要になる。アニメはシステムで制作しているので、リアルめに描き込まれたノーマルな背景を入れるほうが楽ではあるんです。描いたり描かなかったりするほうが、逆に手がかかってやっかいという状況にもなる。でも、原作漫画では、作者がちゃんと意図的にそういうことをやっているわけだから、僕たちもそうしないといけない。漫画の完成度が高ければ、僕としては出来るだけ技法を足して広げた作り方をしたいと思っています。

090

脚本がなくても、絵コンテが設計図みたいなものになる

――その漫画自体の完成度の高さと、本作には脚本の存在がなかったことは関係しているんですか？

湯浅　ある程度は関係していると思いますね。そういう作品の場合、出来る限り原作の絵をそのまま使ったような感じにしたいと思って、アニメにするために必要だと思うことだけを、ちょこちょこ調整出来ればいいと考えていました。コマの形やサイズも違うので、絶対に必要になるのは、細かなトランスレート。でも、そんな細かい指示は出来ませんし、原作とアニメの間に、脚本を挟んで置き換えてしまうと全然違う絵になってしまうので、その間をなくしてひとりで細かい判断をしたほうがスムーズに進むだろうと思ったんです。

　以前、原作漫画から脚本を起こした作品のコンテを担当したことがあったのですが、監督から了解を得て、脚本は使わずに原作を見ながら絵コンテを起こしました。監督の意図から外れればめんどくさいことになりますが、そのときは問題にならなかった。理由は先述したことと同じだったと思います。

昔の印象ですが、脚本をそのまんま使う監督はあまりいなかったように思います。絵コンテが設計図みたいなものになるので、脚本を最終的な形まで作り込むことはあまりなかった。監督が絵コンテをほかの人に描いてもらうときには、脚本をその監督の意図どおりに作り込む必要はあったと思いますけどね。

宮崎さんも『コナン』(『未来少年コナン』(78))などの場合、自分の描いた絵コンテをベースにしていて、脚本からは逸脱しているのではないでしょうか? 自分で脚本を書く監督でも、コンテを描くときに大きく変わっていくという話はよく聞きます。実際、絵にしていったり、描ける絵で効果的に組み立てていこうとすると、脚本通りにはならないことも出てくる。絵で分かることは言葉にしなくてもいいと思いますし。そうやって大きく変わったとしても、脚本に自分の名前はクレジットしないのが、日本アニメ業界のお約束でもありました。脚本家も、手を入れられることに理解ある方が多かったように思います。

でも最近は、ハリウッド式のプロデューサー&脚本家主導、チーム主導の作り方も増えてきたので、これも昔の話になるのかもしれません。もちろん自分のシナリオに手を入れてほしくないという脚本家の方は、昔からいらっしゃったと思いますしね。

いつかアニメ化したい『花男』はすでに構想も!

――松本さんのほかの作品で、アニメ化したいというものはありますか?

湯浅　叶うなら何でもやってみたい気持ちはありますが、僕は松本さんの初期の作品、『花男』が大好きなんです。長嶋茂雄に憧れているダメおやじのお話なんですが、彼が最後に輝く瞬間があって、そこが素晴らしい。ヒネクレ者の子供のませたセリフもとてもよくて、『ピンポン』のオババのようなハードボイルドなキャラクターも登場する。絵もまだ完成されていない部分があり、おじけることなく絵を作れるスキもある。

何度か企画を出していたんですけど、ダメおやじのキャラのぼんやりした印象が問題になって、GOサインは出ませんでしたね。近年またどこかで動いているという話も聞いたので、ほかで映像化されるかもしれませんが。でも長期的には諦めていなくて、構想もすでにあります。江の島が舞台だからなのか、原作漫画のコマに、物語とは関係ないヘンな生き物が登場していて、そういうのも再現すると面白いと思っています。長嶋茂雄のところはご本人の実写動画を使わせてもらい、OPとEDは奥田民生の「息子」と「愛のために」という曲。それでもう完璧じゃんって(笑)。

カーリングを初めて見たとき、アニメ化しやすくて面白いんじゃないかと思いました。近年知名度も上がってきましたし。ビリヤードを撮るときと同じように、俯瞰からの映像がメインで、とても分かりやすいからTVシリーズに向いているんじゃないかと。

　ソフトボールもアニメ化すると面白いかもと思ったことがあります。女子ソフトボールのユニフォームって半ズボンでノースリーブもあったりするでしょ？　ヘルメットも両耳が多くて。野球のユニフォームだとメジャーリーガーみたいに体格がよくないと泥臭くなってしまいそうなんですが、あのユニフォームとヘルメットだとカラフルな色も

ぼくのお気に入り

アニメ化してみたいスポーツ

野球

カーリング

ソフトボール

#6

置けるし、いろんな体格でも絵になりそうだと思いました。

　近年、何かと注目を浴びているスノーボードは、ボードの上で体重移動をする感じが興味深いし、そもそも普通に走ったり歩いたりしていたら絶対にありえない体勢になる。アニメとして動かすと面白そうだなって思いますよね。

　……と、いろいろ挙げてみましたが、実はスポーツで一番最初に好きになったのは野球なんです。小学生の頃は野球漫画を描いていました。最初は『アストロ球団』から入ったんです。盲目の貴公子と呼ばれる選手がバラをくわえてバッターボックスに立ち、心の眼で打つとか、魔球を投げるために手をドリルでギザギザにするとか、ありえないんですけどね。荒唐無稽でトンチキな野球漫画ですが好きでした(笑)。地道でコミカルな『プレイボール』とか『キャプテン』も好きでしたし、水島新司さんの『ドカベン』も読んでいた。殿馬の「秘打！G線上のアリア」「秘打！白鳥の湖」とか、自分で音楽を設定して、踊りながら打ったりと、これもありえないんだけど面白い(笑)。

　でも、もしいま本当にアニメ化を考えるのなら、同じく水島さんの『野球狂の詩』のバックグラウンドもの。野球選手以外の人を主人公にしたエピソードです。とりわけ好きだったのは「メッツ買います！」という1日オーナーになったおじさんの話。外野でいつも野次を飛ばしているおじさんがチームを買いたいと言うんだけど、その金額の高さに驚いて諦めるんです。でも、その熱意に免じて1日だけオーナーになり選手やスタッフに指示を飛ばすと、それが驚くほど的確で、低迷していたチームが調子を取り戻す。本当にいい話なんですよ。当時は僕も女性ピッチャー、水原勇気の話が好きだったんですが、いまはこのおじさんの話が一番心に残っている。水原勇気抜きの『野球狂の詩』ってアリなんじゃないかと思っているんですけどね。

『四畳半神話大系』あっての

『夜は短し歩けよ乙女』

『夜は短し歩けよ乙女』

『四畳半神話大系』のスタッフが再集結したアニメーション映画。冴えない大学生活を送る「先輩」は、密かに思いを寄せる後輩の「黒髪の乙女」を振り向かせるために、秘策「なるべく彼女の目に留まる作戦」、略して“ナカメ作戦”を決行する。

公開年：2017年　原作：森見登美彦　監督：湯浅政明　脚本：上田誠　キャラクター原案：中村佑介　キャラクターデザイン・総作画監督：伊東伸高　アニメーション制作：サイエンスSARU　キャスト：星野源、花澤香菜、神谷浩史、秋山竜次、中井和哉、甲斐田裕子 ほか

――『夜は短し歩けよ乙女』を語っていただくまえに、2013年に湯浅さんたちが設立させたアニメ制作スタジオ、サイエンスSARUについてお伺いしたほうがいいですよね。このスタジオは〝フラッシュ〟というテクニックを使って制作している。〝フラッシュ〟というのはどういう技法なんでしょうか？

湯浅　とことん簡単に言っちゃうと、切り絵アニメみたいな感じでしょうか。たとえば目を描く場合、基本となる目の輪郭を描き、それを変形させながら使う。瞳も作って目の輪郭の上にのせ、大きさを変え、パースがあるように形を歪めて、目の輪郭と連動させながら動かす。睫毛も別に連動させ、ハイライトも動くならそれも別に連動。ばらばらのパーツを組み合わせ、それぞれ連動させながら変形することで1枚の画が動いているように見せるんです。

かなり手の込んだ作業になるので、複雑で繊細な描写ほど洗練された技術が必要になりますが、強みは自動中割（※中割＝原画と原画の間を自然な動きでつなぎ、動いているように見える画を描く作業）が出来ること。下手するとデジタル感が強いんですが、それを調整することで、とても自然な感じになる。線を1本

引けば、それをいくらでも拡大したり縮小したりして使うことが可能です。ビルにかける巨大な布にプリントするなんて場合も、そのまま拡大して素材として使えるかもしれませんから。その手法に長けた人たちと知り合えたので、フラッシュに特化した会社にしようということになったんです。

そういう制作会社の必要性を感じたのは、企画を進めていても、大きなスタジオでは小回りが利かず、順番があったり、通りやすい企画優先になったりと、個人だと壁に突き当たったりしたことが何度かあったからです。それでとりあえず自分たちでやってみようということになった。

フラッシュ（現Ａｄｏｂｅ Ａｎｉｍａｔｅ）を使うアニメーターは作画から動画、彩色までひとりで完結してしまうので、背景さえ作ればひとりでムービーが完成しちゃうんです。

映画化をにらんで準備していた『夜は短し歩けよ乙女』

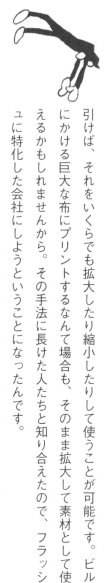

――フラッシュを最初に使ったのは『アドベンチャー・タイム』の1話「Food Chain」(14)ですね(P.186参照)。これはアニー賞のTV部門監督賞にノミネートされています。そして、最初に手がけた劇場用の長編が『夜は短し歩けよ乙女』。原作者は『四畳半神話大系』の森見登美彦さんで、同作と何人かのキャラクターが重なっていますね。私は同じ森見原作では、こちらの作品のほうがダンゼン面白かったです。

湯浅 それはよかった。実際には全編フラッシュで制作した『夜明け告げるルーのうた』のほうが先に完成していたんですけどね。『夜は短し歩けよ乙女』は急に決まって、結構タイトなスケジュールで作ったんです。というのも、以前マッドハウスで『四畳半神話大系』をやっているときに、続けて『夜は短し』もアニメ化するかもよ、みたいなことを言われていました。確かに、森見さんの著作のなかでは当時、この作品がもっとも有名で人気も高かったので、そのまえに『四畳半』をやるという話だったんです。だから僕も『夜は短し』をにらんで『四畳半』を作ったところがある。

森見さんの初期大学生三部作は、濃くて暑苦しい感じの1作目から、2作目、3作目となるにつれ、ポップで軽やかになっていく印象があるのですが、アニメ版の『四畳半』が原作よりポップな印象になっているのは、よりポップな『夜は短し』につながる印象を意識したからです。

実際『四畳半』が終わってから上田さんと映画化の準備はしていて、監督は別の方を立てる予定でしたが、立ち消えになって。あちこち放浪して再び僕のところに回ってきたので、逃してなるものかと、一気呵成に作った感じになりましたね。一度映画化をにらんで準備していたこともあって下地はすでにあり、タイトなスケジュールでも作りきることが出来ました。間に合わせるよう、自分で脚本やキャラクター原案の上がりの催促もやってました。キャラクターも重なっているし、『四畳半』あってのこの企画なので、出来る限り同じスタッフ、同じ絵柄で作ることにしたんですが、問題はこれも4つのエピソードで構成されていて、表題のように夜歩いているエピソードはひとつだけだったというところ。

――でも、アニメではずーっと歩いていますよね？

湯浅　歩かせたんです（笑）。というのも劇場用のアニメの場合、4つの話をそのままオムニバス構成にすると、絶対満足度にバラツキが生まれると考えたんです。「1話目はよかったけど、ほかはダメ」とか。そういう事態を避けるためにも、90分でひとつの話にしたほうが満足度が高くなる。4つの話の満足度が足し算になると考えたわけです。観客に一番楽しんでもらえる映画の構成を選んだ結果、主人公をひと晩中歩かせ続けることにして、4つを一晩の話にしたんです。

原作からの変わりように原作者も絶句!?

——原作者の森見さんや、彼のファンの方々はどういう反応でした？

湯浅　やっぱりというか、賛否両論ありましたね。「大胆でいい」と言う人もいれば、全体の雰囲気が「森見さんの作品じゃない」と言う人もいた。森見さん自身も試写会に来て絶句してましたから。

——絶句、ですか？

湯浅　そう。僕は4話をまとめたとはいえ、森見さんのテイストで作ったつもりだったんですが……。森見さんは「よし！　何があっても褒めよう」という覚悟で試写に臨んだにもかかわらず絶句でしたからね。どうでしたか？　と僕が尋ねたら「あああああ」という感じだったし、あとから聞いた話では「自分の作品がこうなるんだとショックだった」とおっしゃっていたって。森見さんはいつも正直に感想を述べてくださるので面白いんですけどね。原作が好きだという出演者の方々の感想も気になったし、原作者の方の本音はもちろん気になる。しばらくして、「慣れてきた。これもよかった」という感想は森見先生からもいただけましたけど。

——やっぱり4つの話をひとつにまとめたせい、なんでしょうか？　原作を知らない私は、何の違和感もなかったですけどね。

湯浅　内容が変わることは想像していたけれど、その変わりようが想像以上だったということだと思います。派手に感じられたかもしれない。ご自分で生み出した分身のような作品なので当然、ハッキリしたイメージがあり、変わったとしてもここまではないだろうと思っていらっしゃったのかなと。自分としては、変えたつもりはあまりなく、映画として必要な解釈や表現をしたつもりだったのですが、やはり〝読み〟が違ったのかなと思います。

　原作を読んでいた方も、反応はいろいろでした。本の感じがそのまま出ているという人もいれば、違うからダメだという人もいた。1冊1年の話を90分にまとめたので、急ぎ足に感じる人もいたんだろうと思います。

　それに、あの顎のふくらんだ樋口師匠。小説のあとがきで羽海野チカさんという人気漫画家の方がイメージ画を描いているんですが、結構なハンサムキャラなんですよ。あと本の神様。これも小説では美少年だったのを、僕は『四畳半』のメインキャラ小津に似せたいたずら好きの子供に変えてみた。それに原作では難しい演劇をやっているんですが、僕はそれもミュージカルに変更した。映像の場合は絶対、ミュージカルのほうが伝わるし、内容もシンプルなほうが、映画の時間の流れのなかでも受け取りやすいだろうという判断でした。

――そのへんが、とても面白かったんですけど。ということは、ときおり挟まれ

るカウボーイもアニメのオリジナルなんですね？　あれは『トイ・ストーリー』のカウボーイ、ウッディのパロディだと思って笑っちゃいましたよ。

湯浅　『四畳半～』の小説にジョニーというキャラクターとして出てくるんですが、外見イメージはなかった。そこでまず、無邪気な明るいイメージを考えてみたらはしゃいでるカウボーイが頭に浮かび、あのデザインになったんです。このキャラクター、『夜は短し』の原作にはそれほど登場してなかったかもしれないんですが、この流れだと出したほうが面白いだろうと思ったんです。

　典型的なカウボーイのキャラクターを考えたら、ウッディっぽくなったという感じでしょうか。似ているという人が出てくるだろうとは思いましたが、僕は意識したわけでもないんです。

――性欲とディズニーやピクサーはもっとも遠い関係なので、そういう皮肉を込めたのかと深読みしちゃいました（笑）。

湯浅　いや、そういうつもりはまるでないです（笑）。

『夜は短し歩けよ乙女』で経験した新たな気づき

——『夜は短し歩けよ乙女』では、どういうことに気づきましたか？

湯浅　自分が思っていた演出の問題や難点は、ほかの人のそれとは違う感覚かもしれないということが以前からあって、この作品はこう観てもらえるだろうと思ったら、そうじゃなかったことが多かった。それが『四畳半』で結構薄まったので、本作では少し自信をもってチャレンジしたんです。でも、内輪の評判はよかったんですが、原作ファンの方や演者のファンの方には違うふうにも映っていて、その溝がまた広がってしまったのかなあと思いましたね。

　京都の描写に関しても、今回もちゃんとリサーチして再現したつもりだったんですが、それでも「分かってない」「描けてない」という人もいて……。ちょっと分かりませんでした。

　ただ、海外の観客からは「オレらの学生時代はまさにコレ！」という意見が多

かった。これは嬉しかった。自分の作品のなかでも評価が高いほうだと思います。

——言われてみれば、リチャード・リンクレーターの青春映画っぽいかもしれないです。バカする大学生の話ですから（笑）。

湯浅　その頃ハッキリしたのは、原作を読んでいる方、その他連動作品を観た方の「原作を読んでいないと分からない、あるいはほかの何かを見ていないと分からない」という声はそんなに気にするほどでもないなということ。観客はやはり自分で考え、補って観てくれているのだなと思いました。

#7

ぼくの
お気に入り

“歩く”ことが印象的だった作品

『血槍富士』

1955年公開／日本　監督：内田吐夢
出演：片岡千恵蔵、喜多川千鶴、田代百合子 ほか

『あの夏、いちばん静かな海。』

1991年公開／日本　監督：北野武
出演：真木蔵人、大島弘子、河原さぶ ほか

『母をたずねて三千里』

1976年放送／日本　監督：高畑勲
声の出演：松尾佳子、二階堂有希子、川久保潔 ほか

もともと旅する映画、ロードムービーが好きなんですが、移動するために車や飛行機を使わず歩くだけとなると……内田吐夢の時代劇『血槍富士』ですね。東海道を江戸に向かう主人の旅で、槍持ちとして随行した男の話。人がよくて忍耐強い彼が、ご主人様が酷い目に遭ったとき最後に怒りが爆発するんですが、その殺陣もすごくいい。でも、僕が好きなのはそれまでの旅ののどかな雰囲気。丘の上を歩くシーンがあって、一行のシルエットがとても美しいんですよ。

　もう1本は北野映画で一番好きな『あの夏、いちばん静かな海。』。これはひたすら歩く映画だった。聾唖のカップルが1枚のサーフボードをふたりで抱えてずっと歩いている映画。それでいてとても雄弁なんですよ。日本の風景だけど、余分なものを一切入れないような撮り方をしていて、ただ壁だけとか、一本道がずっと続いているだけとか。そういう撮り方はあまりしないじゃないですか？　やっぱり発想が違うんだなーって。北野映画でいうと『その男、凶暴につき』（89）も歩くシーンが印象的だった。聞いた話だと、撮影のときに歩くシーンをたくさん撮っておいて、それを編集時にはめ込んでいったそうです。アニメだとV編用の保険みたいな感じですが。この映画は刑事もののパロディっぽいところもあって、普通だったら走って追いかけそうなところをパトカーで追いかけ、道に迷ったあげく人を轢いちゃったり。そういうノリも大好きでしたね。

3本目は高畑（勲）さんの『母をたずねて三千里』かな。旅に出た主人公のマルコはロバに乗ったり列車に乗ったり車に乗ったり、いろんな乗り物に乗って移動するんだけど、最後のほうは歩くことになる。印象的なのはこの歩いているシーンなんです。不思議なんですけど、そういう何でもないシーンが記憶に残るというか、面白いというか。そういうのもきっと高畑さんの演出力なんだと思いますね。飛行船が飛ぶというエピソード（第12話「ひこう船のとぶ日」）では、マルコがアイスクリームを作って売ろうとするんですが、それだけで面白い。ほかのエピソード（第6話「マルコの月給日」）では、マルコが瓶を洗い、そのそばで猿のアメデオが遊んでいる。でも、ここもそれだけで面白い。おそらく間の取り方が絶妙なんだと思うんですよ。そういうのって脚本だけじゃ絶対に表現出来ないじゃないですか？　高畑さんの作品にはそういうシーンがたくさんありますね。

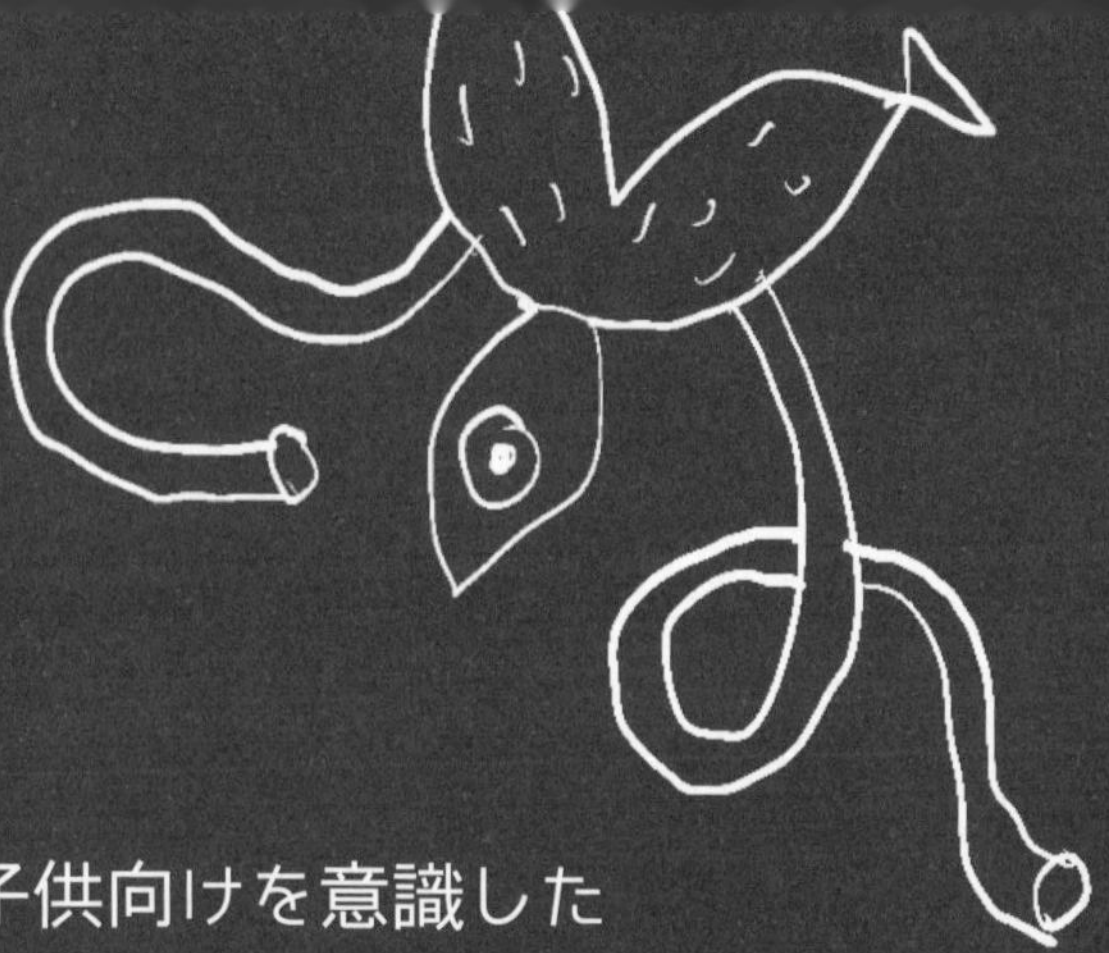

子供向けを意識した

『夜明け告げるルーのうた』

と音楽の重要性。

『夜明け告げるルーのうた』

日本の作品としては22年ぶりにアヌシー国際アニメーション映画祭長編部門クリスタル賞（グランプリ）を受賞した。両親の離婚をきっかけに漁港の町に引っ越し、父親と祖父の３人で暮らす男子中学生・カイのまえに人魚の少女・ルーが突然現れる。

公開年：2017年　監督：湯浅政明　脚本：吉田玲子、湯浅政明　キャラクター原案：ねむようこ　キャラクターデザイン・作画監督：伊東伸高　アニメーション制作：サイエンスSARU　キャスト：谷花音、下田翔大、篠原信一、寿美菜子、斉藤壮馬 ほか

――次は『夜明け告げるルーのうた』（17）です。こちらは湯浅さんと吉田玲子さんのオリジナル脚本による劇場用作品です。

湯浅　もっと子供にも観てもらえるアニメーションを作ろうというところから始まった企画です。パイロットフィルム『なんちゃってバンパイヤン』（99）のときに考えたアイデアやノリを、劇場用映画でやると面白いのではないかというふうに考えました。

　脚本家の吉田さんとお話ししているうち、劇場に会いにいきたくなる愛らしいキャラにしようという話が出て、じゃあ（ヒロインは）人魚にしようとなったんです。日本では人魚の話は手薄だろうと思って。でも〝ポニョ〟（『崖の上のポニョ』（08））がいたんですよ。すっかり忘れてた（笑）。忘れていたから、話も王道なそっちのほうに寄っていって、出来上がったら「『ポニョ』に似てる」と言われ、「あ、そうか」という感じだった（笑）。宮崎作品でいえば『ポニョ』の前身と思われる『パンダコパンダ 雨ふりサーカスの巻』（73）は意識にありましたが、それはもう古典だと思ってたので。

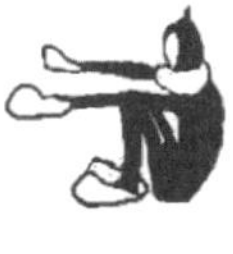

企画を進めているとき、僕の頭にあったのはディズニーの『リトル・マーメイド』（89）くらいでしたから、『ポニョ』の名前が挙がったときはびっくりでした。

――まあ、ポニョも一応、〝魚の子〟って歌われてますからね（笑）。

湯浅　そうなんです（笑）。

もうひとつ、本作でやりたかったのは、子供向けとはいえ、〝死〟が重要な要素となり、さまざまなものを隔てる〝壁〟という存在も出てくる。そういう物語をすべてフラッシュでアニメーション化して作り切るというのが、会社（サイエンスＳＡＲＵ）をやってる上で一番の目的だったんです。なので、フラッシュが活きるような作品にしたかったというのもありました。線は滑らかでツルっとしてて、シンプルだけどよく動いている感じ。

――確かによく動いていますよね。それも音楽に乗って。音楽が重要だったのでは？

湯浅　そうです。なんとなく閉塞感のある町に、陽気な音楽と人魚がやってきてダンスを踊るという話です。昔のカートゥーンを意識しているし、テックス・エイヴァリーっぽい感じ。シュールで突然、ステップを踏んだりする。あとはディズニーの『ポップ&ロックアニメーション』。音楽に合わせたアニメーションをディズニーが編集していて、それが印象的だったので記憶に残っていました。

——音楽は斉藤和義の『歌うたいのバラッド』ですね。

湯浅　普段、口に出来ない言葉を歌に任せて、最後に「愛している」と言う。この構成がとても気に入って使用させてもらったんです。物語もそういう構成だったし、最初にこの歌ありきな感じにも見えてよかったと思っています。

音楽の構成からヒントを得た『マインド・ゲーム』と『ケモノヅメ』

——湯浅さんは、音楽のそういった歌詞だけではなく構成も上手に使っています。『マインド・ゲーム』では奥田民生の曲の構成を効果的に引用していましたよね。

湯浅　「マインド・ゲーム」のラスト、主人公たちの想像されるこれからの未来が、

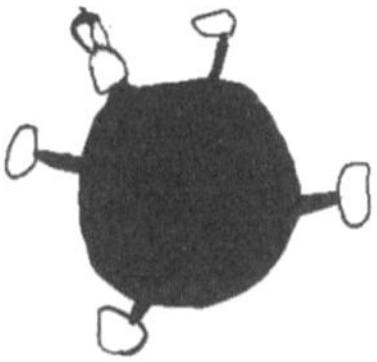

よいこと悪いことを含めて大量に、短く断片的に流れるシーンがあるんですが、あれは奥田民生の「息子」という曲から思いつきました。

その曲のラストは親が息子に語っている言葉で、これから成長していろんなことが起きるんだよと、未来に経験するだろう事柄を単語の羅列で教えるんですよ。文章にもなっていない単語なんですが、それだけで言いたいこと、情景がちゃんと見えてくる。いいことばかりではない、悪いことばかりでもない、これからの人生で経験するだろうさまざまなこと――。１時間半の映画でも描ききれない人生が「裏切りや甘い罠、恋人や唇……」というような羅列された歌詞のなかに凝縮されている。僕にはそれがとても感動的で驚きでもあったんです。

たとえば、ＮＨＫのドキュメンタリー『映像の世紀』のオープニング映像、事件を収めた映像の断片が次々と流れていくだけで、なんとなく感動してしまうんだけど、もしかしたらアニメでも、『マインド・ゲーム』であっても、そういう感動があるのかもしれないと思ってやってみたんです。

奥田民生には「マシマロ」という曲もあって、ずーっと奥さんのことを歌っているんですが、タイトルになってるマシマロはなかなか登場しない。で、最後の歌詞が「マシマロは関係ない」とくる。

この裏切りの構成が面白いと思って、TVシリーズの『ケモノヅメ』のときにパクリました（笑）。サブタイトルを「初めての味」とか「人の不幸は密の味」など、〝味〟でずーっとつなげている。主人公たちの食にまつわる忌まわしい宿命を意識したサブタイトルなんですが、最終話を「味は関係ない」にして落としたんです。これは、宿命から逃れていく、彼らの強い意思を示しています。

『マインド・ゲーム』のラストと同じように、『ケモノヅメ』も、ずーっといろんなことにとらわれてきたけど、最後にすべてを取っ払うというか、脱するというスタイル。〝解放〟っていうのが、自分のテーマでもあったんです

――歌から構成を借りるのは面白いアイデアですね。

湯浅　僕は感動したものは、形を変えれば何でもアニメになると考えているので、いろんなものからいろいろいただいている。この曲いいなーっと思ったら、その曲を使用するというのもありますが、その感動した構成をいただくというのも、

僕の場合はある。そういうパクリは許されるだろうって（笑）。

――今回はその曲に加えてダンスがありますよね。

湯浅　リアルなダンスは難しいけれど、本作のようにカリカチュアしたスタイルなら出来そうな環境だったんです。ダンスも歌もあり、シンプルで気持ちのいいアニメーションなら、踊るテンションの高さも伝わるのではないかと思いました。

『崖の上のポニョ』『君の名は。』などと共通する〝偶然の一致〟

――またしても脇役ですが、ルーのでっかいお父さんが最高にかわいかったですね。

湯浅　お父さんの設定はかなりもめたんです。「人間とはつき合うな」という台詞を言わせようという話もあったんですが、喋るキャラはルーなど少数に絞りたかった。海のなかでも人間の言葉で話していたら、完全な漫画になってしまうと思ったからです。

そこでお父さんは、基本は人間の言葉を喋らないキャラクターにして、子供思いだけどふざけたところもある、よく分からないキャラという感じで落ち着きました。というかそう決めました。バカボンのパパみたいな感じかなぁ。高畑勲さん演出の『パンダコパンダ』のパパパンダもそう。感情が読みにくい、ふざけたキャラだけど芯はありそうなのが好きなんです、僕は。『ポニョ』でも寡黙な父親らしき人がいましたけどね。

そういえば、『ポニョ』に限らず、『君の名は。』でも町内放送のシーンがあって、「あ、同じだ」って思いました。『きみと、波にのれたら』の最初のキービジュアルが水のなかで抱き合うシーンだったんだけど、『シェイプ・オブ・ウォーター』(17)でも似たようなものがキービジュアルになっていた。そういう偶然の一致のようなこと、起きるんだなって。

——そういうこと、結構ありますよ。さまざまな組み合わせや時代性が、そういうシンクロニシティを生んでしまうということなんでしょうか。

湯浅 どうなんだろう……そういう場合、出来れば先に公開したいけど、なかな

かそうもいかないし（笑）。でも基本、パクってる意識がなければ変更しないでやってます！

――ラストはストレートにハッピーエンドにはしていませんね。

湯浅　それは要望もありました。子供のみならず上の年齢層にも観てもらいたかったからで、はっきりハッピーエンドにしすぎないほうがいいという判断でした。この作品では、出来る限り人の意見を聞こうとしたので、その結果といえるのかもしれない。ただ、あまりに人の意見に耳を傾けすぎると、なかなか仕事が進まないことも分かりましたけどね（笑）。

実は最初、エピローグまでやって、ハッピーエンドにしたいと思っていたんですよ。でもそれも『君の名は。』でやっていましたよね。やらなくてよかったのかなって（笑）。

ぼくの
お気に入り

作業を助けてくれた音楽たち

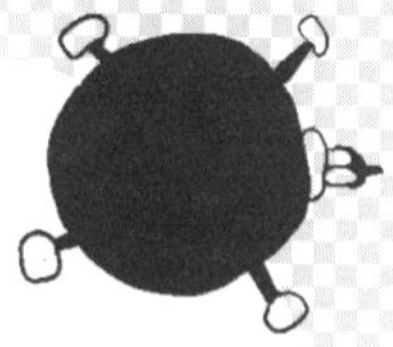

『マジカル・ミステリー・ツアー』
（ザ・ビートルズ）

1967年リリース。イギリスのロックバンド、ザ・ビートルズ主演のTV映画『マジカル・ミステリー・ツアー』のサウンドトラック盤。

『dig!』
（ダルファー）

1996年リリース。オランダのテナーサックス奏者・ハンス・ダルファーのアルバム。

『OK コンピューター』
（レディオヘッド）

1997年リリース。イギリスのロックバンド・レディオヘッドの3rdアルバムにして、90年代UKロックの金字塔と称される。

#8

仕事中に流す曲は結構、重要です。仕事のノリに影響するので、自分なりの基準で選んでいますね。たとえばビートルズの『マジカル・ミステリー・ツアー』は『クレヨンしんちゃん』のデザインのアイデアを考えるときによく聴いていました。サイケっぽい曲を聴いているとイメージが湧きやすかった気がしていました。

ハンス・ダルファーの『dig!』は、サッカー番組で名場面を集めたシーンを流すときに使われていて、アルバムを買って聴いていました。これはとてもハイテンションのラテン系のジャズという感じ。これも『しんちゃん』のときに聴いてましたね。勢いから手が速く進む感じ。

　でも、忙しいからといってテンションが高い曲ばかりを流しているんじゃなく、ダウナーな曲もアリなんです。レディオヘッドのアルバム『OKコンピューター』に収録されている「パラノイド・アンドロイド」は『ねこぢる草』をやっているときによく聴いていた。作品のテイストに合わせた憂鬱でダウナーな曲で、そういう内容の作品のときにはベストマッチする。だからといって、スピードが大事な原画の追い込みのときに仕事をする気がそがれるかというと、そうでもない。「ああ、なんでこんなに働かなきゃいけないんだろう」と思ったそばから、やけくそ気味のエネルギーが出てスピードが上がるから(笑)。

　そういうふうにテンションを上げるために昔はよく聴いていたんですが、いまはあまり聴かなくなったかな。ストーリーなどを考えるときは逆に気が散るという感じなので。最近は音楽じゃなく、配信を流したりしていますね。

初めてのNetflix作品
『DEVILMAN crybaby』での“挑戦”。

『DEVILMAN crybaby』

永井豪の画業 50周年を記念し『デビルマン』を原作としてアニメ化。Netflixで全世界同時配信された。高校生の不動明は、幼馴染みの飛鳥了に誘われてパーティに参加するが、参加者が次々と悪魔に変身し、人々を襲っていく。怯えていた明だったが、突然悪魔と合体、デビルマンに変身する。

製作年：2018年　原作：永井豪　監督：湯浅政明　脚本：大河内一楼　音楽：牛尾憲輔　キャラクターデザイン：倉島亜由美　アニメーション制作：サイエンスSARU　キャスト：内山昂輝、村瀬歩、潘めぐみ、小清水亜美、田中敦子、小山力也 ほか

――『DEVILMAN crybaby』は湯浅さんにとって初めての配信でNetflix作品です。しかも熱烈なファンが多い永井豪さんの『デビルマン』のアニメ化ですね。

湯浅 いくつか候補作があって、最後に出てきた1本が『デビルマン』だった。高校時代に永井さんの原作漫画を読んで、とても驚いたのを覚えています。もっとも衝撃を受けた漫画といっていいくらい。まさか、それを自分でアニメ化することになるなんて、思ってもみませんでした。

――原作に熱烈なファンが多い理由も〝衝撃的〟という部分にありそうですね。

湯浅 小さい頃に観ていた漫画やアニメと違って、これは子供が読む話じゃないだろうって感じなんですよ。序盤はまだ一般的なヒーロー漫画な感じですが、どんどん雲行きが怪しくなってくる。主人公が守りたかったはずの家族が次々と残忍な方法で死んでいくというような展開は普通、子供向けの漫画じゃありえませんでしたから。そういう大変な作品を手がけるのは、やはり挑戦であって、やってみたいという気持ちが強くありました。

——湯浅さんの場合、作品を選ぶきっかけの多くは〝挑戦〟ですね。

湯浅　この作品ならこう作ればいいというふうに、ある程度見えている企画より、どう作れば一番いいのか、自分ならどう作れるのか、それがよく分からないほうを選んでしまうので、結果的に〝挑戦〟になってしまう（笑）。

『デビルマン』の場合は、どうアップデートするかが大きな問題でした。原作漫画が掲載されたのは１９７２年。いまからおよそ50年もまえです。永井さんの漫画はその当時でもやはり独特で、不思議なバランスで成り立っていた部分もあった。それを21世紀のいまの出来事としても違和感のないアニメに変えることができるのか、そこに注力しましたね。そういう意味では、わりと〝よく出来た作品〟になったんじゃないかと思っています。

——原作の主人公は学ランを着た不良ですが、今回はそれを変え、音楽はラップを取り入れている。

湯浅　ボロボロの学ランを着た不良が鎖鎌を振り回すのって、いまの時代にそのまんまやるとギャグになっちゃいますよね？　永井さんもおっしゃっていたんですが、とにかく極端な話なので、普通に描いていたらすんなりと受け入れてもらえない。多少ギャグも入れつつ幅のある世界観にして、それでもこういうことが起きるかもしれないというバランスを取りながら創作されたとか。正確ではないですが、そんなことをおっしゃられていたと思います。

――永井さんも試行錯誤しつつだったんですね。

湯浅　ヒロインにあたる美樹ちゃんのキャラクターも漫画ではべらんめえ調のケンカっ早い少女で、ノコギリを持ち出したりする。とても永井さんっぽい女性キャラなんですが、いまの女子高生にはいないタイプ。

――『ハレンチ学園』ふうなキャラ？

湯浅　というより『あばしり一家』のほうかな。永井さんのキャラクターは、彼の漫画世界で違和感なく快活に存在出来ているから魅力的なんです。その典型が美樹ちゃんと番長（木刀政）になる。でも彼らをそのままアニメに移すと、浮いてしまうのではないかと思って。過去の映像化でも時代に合わせて変えているようでしたが、あまり地味すぎるのもかえって違和感があるのではないかと思い、

極力派手で男の子っぽい感じを残したんです。

――配信が始まった当初、騒がれていたのが腐女子的な要素でした。そういうのは意識したんですか？

湯浅　腐女子にウケるといいなあとは考えてはいなかったんですが、アニプレックスのプロデューサーの提案もあって、バディものにしようというのはあった。幼馴染みの明と了が再会するシーン、ふたりがハグするんですが、原画の人が、胸に飛び込んできた明を了が抱きかかえたまま、一回転するように描いてきたんです。「これはいいんだろうか……」って1カ月くらい悩んでしまいました（笑）。

――まったく問題なかったんじゃないですか？（笑）

湯浅　そこでこちらの意図が決まると思ったし、結果一線を超えた感じがしましたね。ＯＫを出したときは、腐女子のことも意識してたと思います（笑）。

そういわれると『犬王』にもそういうところ、あるかもしれない。バディものでもあるし、やたら裸になってる上に、その体もシックスパックだし、ズボンもピチピチ。昔のロックミュージシャンを意識した結果なんですけど、腐女子ふうに見えなくもない（笑）。

――湯浅さん、そんなのノープロブレムですよ！（笑）。その『犬王』はロックですが、こちらはラップミュージックを使っていますね。

湯浅 タイトルは忘れたんですが、おばさんが丸太に座って、ああ疲れたと独り言を言うと、吐き出す愚痴が徐々に歌になっていくという自然な展開のミュージカル映画があって、「そうか、こうやると〝いまから歌いますよ〟と構えなくてもいいんだ」と思ったんです。それにラップなら、少し節をつけて喋れば音楽になるし、たとえ歌ったとしても違和感がない。自分の想いや現状を吐露する人、不満を口にしてディスりながら歌うのも自然なラッパーの姿だと考えると、原作の番長グループの代わりにもなる。

昔のヨーロッパを舞台にしたアニメによく出てきたシチュエーションで、吟遊詩人が広場で弾き語りながら狂言回しとして状況説明をやるというのがあります。その吟遊詩人の役回りが、本作ではラッパーに代わり、自然と状況説明をやってくれるのではないかと考えました。それに、『SR サイタマノラッパー』（09）を観て、

日本にも自然なラップが根づいているんだという認識を持ったということもありますね

自分なりにきっちり守った、原作に対するリスペクト

――セリフも、原作ファンのツボを押さえているといわれていましたよね。

湯浅　僕も原作ファンなので、どういうセリフが外せないのかというのは分かっていたつもりでした。もちろん、「外しているじゃねえか」とか「あのセリフを変えてる」という怒りの声もあったし、「なんで（不動明に）もみあげがないんだよ」と憤っているファンの方もいた。

また、原作ファンのなかには、主人公の悪魔っぽさやその暴力性をもっと気持ちよくスペクタクルに描いて欲しいという人も多かったんです。僕もファンだからそういう気持ちも分かるんだけど、今回の枠組みでいまのスタッフが出来る方向で考えたので、そっちには行かなかった。悪魔が戦いに快楽を感じているというのは表現しようと思いましたけどね。

そういうなかでも死守したのは原作に対するリスペクトです。ここは自分なりにきっちり守ったので、そこはファンの多くの方にも伝わったと思っています。

――『デビルマン』のアニメは最後まで作られたことがなかったそうですね。TVアニメシリーズ（72～73）もデーモン族との決着がつかないまま終了したと聞いています。

湯浅 最後まで描けたのは今回が初めてだと思いますよ。過去のOVA（『デビルマン 誕生編』（87）、『デビルマン 妖鳥死麗濡編』（90））は、上手いアニメーターが集まり、かなり濃い形で作られてファンも多かったんですが、最後まではいかなかった。予算の関係だったとも聞いていますが、どうなんでしょう？

こちらは一応、最後まで描けたということで、永井さんも喜んでくださって「よくぞ最後まで作ってくれた」とおっしゃってくださいました。

――タイトルには『crybaby』というサブタイトルがつけられていますが、これをプラスした理由は？

湯浅　ちょっと記憶があやふやなんですが、明を表現する特徴が何か欲しいという話になって、脚本の大河内（一楼）さんが「泣くのはどう？」と提案されたと思います。それで、その特徴を上手く話に組み込みたくて、明は人のためにずっと泣いているんだけど、了はそれが分からない。「悲しい」という感情が理解出来ない。でも、最後に明が死んだときにやっと、涙の理由が伝わる。というふうに考えたと思います。明がなんで泣き虫だったのかが最後に分かるということで「クライベイビー」。こういう設定は原作にはなかったので、この作品の特徴ということでサブタイトルにしました。

配信メディアならではの視聴者の反応

——配信というメディア、Ｎｅｔｆｌｉｘと組むのも初めてですが、いかがでしたか？

湯浅　Ｎｅｔｆｌｉｘの場合、配信まえに全話まとめて納品するんです。ＴＶシリーズだと最初の放送の反応を見て、途中で方向転換したり、微調整をしたり、いろいろ手を入れられるんですが、まとめてだとそれが出来ない。

でも、すでに納品出来ているので、初めて配信される日は、仲間と集まって飲みながら祝うことも出来た。5時間くらいすれば視聴者の反応が出てくるかなと思っていたら、原作が超有名なせいか、思っていた以上に早くから全部観たという強者たちの感想が上がり始めました。やはりＮｅｔｆｌｉｘなので一度に世界中からいろんな感想が出てきて、これはとても面白かったですね。

かなりの数の方に観ていただけて、反応もよいものをたくさんもらったのですが、当時のＮｅｔｆｌｉｘは数字をストレートに出すこともなかったので、成功だったのかそうじゃなかったのかイマイチはっきりとは分かりませんでした。ですが、そのあとで米クランチロールの賞をいただいたり、反響も大きく、評価も高かったのだと思います。

作画的に落ち込む回があったり、全体的には満足いく出来ではなかったですけど、永井さんの反応をはじめ、おしなべていい反応をいただけたので、『デビルマン』を作れたのはよかったと思っています。

ぼくの
お気に入り

大好きな漫画家さん

高野文子

漫画家。1957年11月12日生まれ、新潟県出身。1979年「絶対安全剃刀」で商業誌デビュー。『るきさん』、『棒がいっぽん』などを刊行し、2003年には『黄色い本』で第7回手塚治虫文化賞・マンガ大賞を受賞した。

大友克洋

漫画家、映画監督。1954年4月14日生まれ、宮城県出身。1973年漫画家デビュー。おもな作品に『童夢』、『AKIRA』など。アニメーション映画『AKIRA』(88)、『スチームボーイ』(04)などを自ら監督している。

松本大洋

漫画家。1967年10月25日生まれ、東京都出身。1987年漫画家デビュー。代表作に『鉄コン筋クリート』、『ピンポン』、『ナンバーファイブ 吾』、『Sunny』など。実写やアニメーションで映像化された作品も多い。映画『犬王』ではキャラクター原案を務める。

高野（文子）さん、大好きですね。彼女の最初の短編集『絶対安全剃刀』はどれもすごいんですが、そのなかの一編「田辺のつる」のイメージには驚きました。認知症のおばあさんの話で、おばあさんがかわいい着せ替えの絵なんですよ。ほかはとてもリアルなのに、おばあさんだけが塗り絵の少女。これはどういうことなのか、最終的に分かるんですが、そういう物語をそういう表現で描くということに驚いたんです。高野さんは『るきさん』や『棒がいっぽん』なども超絶上手い。しな

#9

やかな絵で、人間のさりげない仕草、ちょっと頭に浮かんだようなことを丹念に漫画にしていくんです。乗っていたバスのまえに座った人の背広の縫い目を見ながら、それをレンガに見立てて壁を作っていくなんてことを想像してみたり。何となくみんなが頭の端で考えてしまうようなことをしっかり優雅な形にしてしまう素晴らしいイマジネーションをもっているんです。そういう話を日常を舞台に描いていて、しかもその日常の芝居というかポージングがめちゃくちゃ上手い。高野さん、アニメーターの間で大変人気が高いんですが、その理由のひとつには、そういう絵の上手さもあると思います。

　実は僕も、高野さんと一緒に仕事がしたくて一度、デザインまで少しやっていただいたことがある。結局、企画が通らなかったので中断してしまったんですけどね。いつか挑んでみたい漫画家さんのひとりです。

　もうひとりは大友（克洋）さん。大友さんは学生時代の僕らのヒーローです。まさに時代を牽引している感じでした。地味にリアルだった漫画もどんどんＳＦ色が強くなって、アニメの『幻魔大戦』ではキャラクターデザインを担当し、『童夢』に驚いたら、次は『ＡＫＩＲＡ』じゃないですか。短編アニメを何本かやったあと、自分で『ＡＫＩＲＡ』をアニメ化し監督した。『ＡＫＩＲＡ』をきっかけに、アニメのリアル表現がいろんな方向に進化していった。そうやって時代を切り拓いてきたのが大友さん。本当にすごいと思います。

　そして、やっぱり松本（大洋）さん。松本さんの絵もリアルだけど、どこか詩的で台詞もかっこいいし、自在な画角、飛躍も面白い。タッチもさまざまでずっと変遷、進化し続けてきた。そういうところも面白いですね。描き続けている巨匠です。だから『花男』、ぜひともアニメ化したいです！（笑）

ストレートなラブストーリーを目指した

『きみと、波にのれたら』

『きみと、波にのれたら』

第22回上海国際映画祭 金爵賞アニメーション最優秀作品賞、シッチェス・カタロニア国際映画祭最優秀アニメーション長編映画賞などを受賞。サーフィン好きの大学生・ひな子は、ある火事騒動をきっかけに知り合った消防士の港と恋に落ちる。

公開年：2019年　監督：湯浅政明
脚本：吉田玲子　キャラクターデザイン・総作画監督：小島崇史　アニメーション制作：サイエンスSARU
キャスト：片寄涼太、川栄李奈、松本穂香、伊藤健太郎 ほか

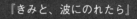

――『きみと、波にのれたら』(19)は、『夜明け告げるルーのうた』で組んだ吉田玲子さんとのオリジナル脚本による青春ラブストーリーですね。

湯浅　『ルーのうた』からステップアップする感じで、さらに多くの人に観てもらうことを狙って作りました。制作の座組みも同じ感じで、「ターゲットの年齢をもっと上げて恋愛映画として作りましょう!」「はい! 分かりました」って感じでしたね。

　アニメーションって意外とラブストーリーが少ないと思ってるんですよ。単に僕が観ていないだけなのかもしれないけど、ストレートなラブストーリーって少ないですよね?

――そうかもしれないですね。

湯浅　この作品で描きたかった主人公カップルは、ふたりの世界しか見えていないような、幸せの絶頂にいる恋人同士。結婚式のビデオを見せられている感じって分かります? 当人たちにとっては最高の思い出ビデオなんだけど、第三者にとっては「しょうがねえなあ」って苦笑しちゃうような感じ。

――そのたとえ、とてもよく分かります(笑)。

湯浅　酷い言い方をしちゃうと、いわゆるバカップル。世界はふたりのためにあると信じているような瞬間にいるカップルを描きたかったんです。映画に出てくるような洒落たカップルではなく、どこにでもいる、ごくごく普通のカップルの関係かな。

――ふたりは〝水〟でつながっている、サーファーと消防士ですね。女子がサーファーで、男子が消防士。

湯浅　やっぱり『ルーのうた』からのつながりが欲しかったし、ふたりの共通点を〝水〟にすれば、水が変形するところも描けますから。

　サーフィンにした理由は、自分とはもっとも遠いところに位置しているスポーツだと思ったので、興味があったし、自分からもっとも遠い価値観の人にも観てもらえるかなって（笑）。

　それに〝波にのる〟というのは、よく人生にたとえられますし、ドラマも作りやすいと思いました。サーファーの彼女が火事騒動に巻き込まれ、消防士の彼と出会うという設定って、なんとなくラブコメみたいでいいんじゃないかなって。

　今回は、わりとすんなりと脚本が進行したんです。『ルーのうた』のときは、みなさんの意見を尊重しながら脚本を進めていこうと決めたため、コロコロ変わる進行にすごく時間を取られてしまい、最後はどさくさ状態でアクロバティックな方法を取らざるを得なかった。それで今回は一応、自分の感覚を中心にして、みなさんに確認しながら決めていったんですが、2回目ということもあってか、すんなりと進行して、シンプルなラブストーリーが生まれたんです。

関係者の間でも「湯浅さんが分かりやすいラブストーリーを作った」みたいな感じで、評判もよかった。

――分かりやすいとはいえ、幽霊になった彼を水のなかに入れて連れ歩くという描写はシュールでした。私は大好きでしたけどね。

湯浅　ストレートなラブストーリーを目指しているとはいえ、変化球も入れたくなるんですよ、アニメですからね、やっぱり（笑）。傍から見ると、「この人、大丈夫？」という感じでホラーっぽいけど、当人は一緒に出かけられるからとても嬉しい。あまりの悲しさから妄想に取り憑かれた人にも見えるし、ただのラブストーリーにも見えないというのが気に入って挿入したエピソードなんです。彼の姿を見せるかどうかは迷いましたけど、分かりやすくぽんと出る感じにしたほう

がいいかなって。

自分の気になっていることや感心したことをアニメにしたい

――あと気になったのは、食べ物がたくさん描かれている点です。コーヒーとかハンバーガーとか。あとオムレツもおいしそうでした。もしかして湯浅さん、宮崎駿さんを意識している？　って。

湯浅　食い意地が張ってるので、そもそも食べ物には興味があるんです。

オリジナルのTVシリーズ『ケモノヅメ』を作るとき、原（恵一）さんに助言をお願いしたら、得意なところで勝負したほうがいいと言われたんです。自分の気になっていることや自分の趣味、そういうのを入れてみればって。そのやり方はいまでもやっていますね。

で、この作品では料理を入れてコーヒーも入れた。そもそも料理は趣味でしたが、コーヒーは興味があったけど詳しくは知らなくて。喫茶店にも興味あったので一緒に入れたんです。

だから、別にジブリを意識したわけじゃないんですよ。食欲は人間の欲望のなかで、誰もが追求出来るし、手広くやってもそんなに文句が出ないのがいいと思って。

――ということは、映画を観れば、そのとき湯浅さんが何にハマっていたのかが分かるんですね？

湯浅　そうなるかな（笑）。

子供の頃、休みの日は僕が料理を作ることになっていて、前日の冷えたごはんで焼き飯をよく作っていた。でも、いつも焦げちゃってなかなか上手く作れなかったんです。大人になってから、TVの料理解説番組で、自宅の火力で焼き飯を作るときはまず中華鍋を熱くして、鍋が冷えないようにしたほうが焦げなくておいしく作れるといっているのを見て、その通りにやってみたら本当に焦げなかった。そうか、子供の頃は焦げないように弱火でやっていたせいで逆に焦げていたんだと分かって、目からウロコが落ちました。

僕は、知らなかったことが分かるとすごく嬉しくなっちゃうタイプなので、そのときは「なるほど、料理は科学なんだ！」って興奮して、材料の切り方や、投

入するタイミング、そういうことを実験的に試して習得出来るまでやっていた。複数の料理をいっぺんに作る段取りを考えるのにも熱中しましたね。焼き飯や中華料理を作りまくり、それも作品に投影している。『ケモノヅメ』にもチャーハンエピソードが出てきますよ。ちなみに、オムライスはかなり練習して、本作と同じようなトロフワのオムライスを作れるようになりました（笑）。

　僕は、自分にとって「エーッ！」とエポックに思えたことや、「へーっ」と感心したことをアニメにしたいんです（笑）。

——なるほど！　で、『きみと、波にのれたら』の結果は、どう受け止めましたか？

湯浅　みんなが期待したほどの結果は残せなかった。観てほしかった人たちのところまで届いていない感じもするし、おそらくいろんな理由があるんでしょうが、想像するばかりで、正直よく分からない。やっぱり『君の名は。』のようにはいかないですよね（笑）。

観客に解釈を委ね、説明しすぎない部分があってもいい

――『君の名は。』がヒットした理由のひとつに、なぜあのふたりが運命の赤い糸で結ばれていたのか、それを説明していないのがよかったという人がいましたね。私は、それを知りたいほうなんですが、いまの若い人は理由がないほうが、自分を当てはめられるんじゃないのかと言っていました。どうなんでしょう？

湯浅 そういう、あまり理由を描かないのが流行っているという話は聞いたことがあります。ちょっと内容は違いますが。原（恵一）さんが、しんちゃんが戦国時代にタイムスリップする劇場版（『映画 クレヨンしんちゃん 嵐を呼ぶ アッパレ！戦国大合戦』（02））を作ったとき、なぜしんちゃんがタイムスリップするのか、その理由を詳しくは説明しなかった。その頃、仕事でご一緒していた脚本家の方が、いまの時代、そのほうが好まれるのだといっていたことを思い出しましたね。9．11や、日本で大きな震災があったように、予兆なく、意味もなく起こるのが〝出来事〟であると。いちいち説明することのほうがあざといという感じで、

最近の演劇界はそういう展開ばかりになってるというようなお話を聞いたことがあります。

いまはまた変わってきている感じもしますが、それもその時々や作品の傾向によって、いろいろと違ってくるのかもしれません。みんなが求める大きな魅力があれば細かいことは気にならないのか、作品がちゃんと出来ていれば、そういう説明がなくてもよしということなのか。どうであっても、僕たちクリエイターはもっといろいろ考えないといけないんでしょうね。

——どうなんでしょう。私は『君の名は。』の場合、とても気になりましたから。ジブリ作品にも、そういう説明不足が気になるのはたくさんあるじゃないですか。

湯浅　ジブリ作品はブランド力というか力技があるから。僕は宮崎さんを大変尊敬してますし、僕のヒーローでもあるけど、好きな作品は『コナン』(『未来少年コナン』(78))とか『カリ城』(『ルパン三世 カリオストロの城』(79))など初期の作品が多いんです。しかし、世間一般では、宮崎さんの作った作品は何でも面白いという受け止め方になっている。でも、それはそれで尊敬してしまいますけどね。そこまでいけば無敵なんだって(笑)。

——確かに（笑）。

湯浅　あとは、絵の力も大きいのかなと思うんです。アニメの場合、内容が挑戦的なのに絵が弱いと簡単に叩かれますが、絵が強ければそんなに叩かれない。絵の説得力なんだろうなって。やっぱり、映画やアニメは映像の娯楽だから。

僕も好きな（クリストファー・）ノーラン監督の映画にもちょっと笑っちゃうような展開が毎回あるのに、あまりツッコむ人がいない。おそらく、あの圧倒的な絵作りだから、みんな沈黙しちゃうのかなって思いますよね。

ぼくの
お気に入り

好きなラブストーリー

『ロミオとジュリエット』

原題：Romeo and Juliet
1968年製作／イギリス・イタリア合作
監督：フランコ・ゼフィレッリ
出演：オリビア・ハッセー、レナード・ホワイティング、
マイケル・ヨーク ほか

『ロミオ+ジュリエット』

原題： Romeo + Juliet／1996年製作／アメリカ
監督：バズ・ラーマン
出演：レオナルド・ディカプリオ、クレア・デインズ、
ジョン・レグイザモ ほか

『バットマン リターンズ』

原題：Batman Returns／1992年製作／アメリカ
監督：ティム・バートン
出演：マイケル・キートン、ダニー・デヴィート、
ミシェル・ファイファー ほか

#10

正直、好きなラブストーリーはないんです……というか苦手（笑）。でも、克服したいとは思っているので、自分の趣味に近づけるようにしていますね、『ケモノヅメ』のように……あ、高校生の頃『ロミオとジュリエット』を観てオリビア・ハッセーのファンになり、しばらく映画の主題歌を口ずさんでいたくらいでした！

そう言われれば、（レオナルド・）ディカプリオのバージョン（『ロミオ＋ジュリエット』）も好きだった。ひたすらディカプリオをかっこよく撮ろうとしていたのが印象的で、ヘアスタイルがいつもキマってるんですよ。舞台が南米（メキシコ）というのも異色だったし、極端な設定や演出が多かったので、いっそのこと架空の都市にしてSFもアリなのでは？　って。シェイクスピアの古典だってここまで変われるんだと思ったからです。

それくらいかなあ……ティム・バートンの『バットマンリターンズ』とかラブストーリーに入れていいなら、大好きですよ。バットマンとキャットウーマンの運命の恋ですから。最初の『バットマン』のときは、バートンが何をしたいのかよく分からなかったんですが、この2作目になってよく分かった。ギレルモ・デル・トロの『ヘルボーイ』もそうだけど、1作目がヒットして2作目を作れる場合、監督のカラーがよく出て、よりよくなっているように思いますね。

何度も映像化された作品を再び……。

『日本沈没2020』
で描きたかったこと。

『日本沈没 2020』

小松左京のSF小説『日本沈没』を原作として、Netflixで全世界配信された。2020年、東京オリンピック閉会直後に日本を襲った大地震。中学3年生の歩は、家族とともになんとか東京から脱出を図るが、「日本沈没」という事実を突きつけられて……。

製作年：2020年　原作：小松左京　監督：湯浅政明　脚本：吉高寿男　音楽：牛尾憲輔　キャラクターデザイン：和田直也　アニメーション制作：サイエンスSARU　キャスト：上田麗奈、村中知、佐々木優子、てらそままさき、吉野裕行、森なな子 ほか

――小松左京と湯浅さんというのは、あまり考えられない組み合わせだと思いました。

湯浅　僕もそう思いました（笑）。自分ではまず考えつかない企画だったので、かえって興味が湧いたんです。自分でもどんな作品になるのか想像もつかないからやることにしてしまおうって。いままでとまた違った人に観てもらえる可能性もあるし、スタジオ（サイエンスＳＡＲＵ）にとっても新しい挑戦になり、よい経験になるだろうと思いました。

原作はもちろん、これまで作られた映画もスペクタクルじゃないですか？　それを配信シリーズで、ハリウッドのドラマや映画と同じ枠で並べて観る。しかもアニメでやるというのも想像がつかない。想像がつかないことだらけ（笑）。

――湯浅さん、本当にそういう企画にヨワいですね（笑）。

湯浅　つい、挑戦してみたくなる（笑）。

この企画、当初は実写で考えられていたようで、何かのタイミングでアニメのほうがいいんじゃないかということになり、僕たちのところに持ち込まれたようです。原作通りの進行じゃなくてもいいというのは最初からいわれていて、その

段階で準備されていた要素が、オリンピックを絡め、家族をフィーチャーするというものでした。僕たちにとってはスペクタクルより少人数のキャラクターに焦点を当てるほうが現実的だったし、いまの時代に合わせてアップデートしやすい。そういう意味では、わりとお膳立ては整っていましたね。

――『日本沈没』は１９７３年製作の森谷司郎監督版と、２００６年の樋口真嗣監督版と、これまで二度、実写映画化もされ、ＴＶドラマ版は最近のものを含めて2回作られている。日本ではとても馴染みのある作品ですよね。

湯浅　僕、１９７３年版は昔、観た記憶があったんですが、今回、観直しました。２００６年版は初めて観ました。本で最初に読んだのはさいとう・プロの漫画版。これが原作に一番近いというので、まず手に取り、それから原作小説や続編も読みました。

　小松さんが本来書きたかったのは、日本という国がなくなったとき、日本人はどうなるのかというシミュレーションだったという話を聞きました。でも、日本沈没が起きる過程をしっかり書いていたら、時間がなくなってしまい、前半だけで終わったようなかたちになったらしいんです。小松さんはその後も自分で書き

たかったけれど、それが出来なくて、最終的にはほかの作家さんが小松さんの意向を継ぐかたちで続編を書かれたそうです。

この原作は、TVドラマも含めて何度も映像化されている上に、日本が大きな震災も経験したのち、再び天変地異のプロセスに焦点を当てた展開にするのもナンセンスに思えたんです。小松さんが、地震のはるか先にある、一国の沈没という大災害をたどってまでも描きたかったのは、やはりそのときの日本人のメンタリティなのではないだろうかって。

僕自身もそこに興味があって、いま現在の国民意識や、〝国民〟ってなんだろうという疑問も描いてみたくなったんです。国の中心人物からはほど遠い、日本が沈没すると聞いてもピンとこない市井の人々が、ひたひたと忍び寄ってくる天変地異に対してどういう意識でいるんだろうということを考えながら作っていこうというわけです。

――湯浅さんが表紙のイラストを描いていた『押井守のニッポン人って誰だ!?』で、押井さんも独自の考察をしていましたね。『日本沈没』で政界の黒幕が口にする

言葉「何もせんほうがええ」が、日本人の心情を端的に表しているとおっしゃっていました。

湯浅　そうなんです。だからあの本も興味深く読みました。コロナ禍で起きた出来事の数々は、そんな感じがしましたよね。

――ほんと、「何もせんほうがええ」って雰囲気でした。

湯浅　でも僕は、昔から「結局何もしないところに落ち着く」というのが一番嫌いだったんです。コロナ禍では、ポリティカルな方針に強い意見をもつ人が多いなか、「パンデミックが鎮まるまでおとなしく待とう」という保守的で大雑把で先見性のない意見が蔓延していました。その一方で、声を上げることもなく、自分の意思と責任をもって粛々と行動する人たちもいた。僕は前者の、ただ〝待つ〟人たちの要求に応えるような内容はイヤで、ポリティカルな場所で活躍するヒーローを描くようなファンタジーも観たくなかった。後者のような人たちを描きたいと思い、今回の方向へ舵を切っていきました。そのとき配慮したのは、なるべくナショナリズムに加担しないこと。これを一番考えていましたね……と言いつ

つも、コロナまえにはすっかり作業は終了していたんですけどね。

テーマは〝日本人であることと、どうつき合っていけばいいのか?〟

――コロナ禍になって、あらためて日本人について考えた人は多いと思いますよ。

湯浅 普段、自分を含めて平凡な人は、そんなに国民性とか、日本人であることとか、深くは考えていないと思うんですが、その一方で日本が褒められると嬉しいし、バカにされると腹が立つという単純な気持ちもある。そういう感情って何だろうなって。

単に、日本人であるという事実にぶら下がっているだけ、乗っかっているだけにも感じられるけど、こうして日本が国家として成り立っているということは、必死で現実的に国を支えている人たちもいるということですよね。今回はその前者のふわっとしたところにスポットを当てて、僕たちは、どういう立ち位置で日本人であることとつき合っていけばいいのか? そういうことを考えてみようと

いうのが自分のテーマになりました。

――原作との違いでいうと、主人公の姉弟がハーフだったり、それゆえに救命ボートに乗せてもらえないというエピソードがあったり、彼らと行動を共にするカイトというキャラクターがＬＧＢＴＱを意識していたりと、キャラクターが多様性を考慮したものになっていると思ったんですが。

湯浅　全体的にはさまざまな立場から状況を描いて、観ている人が自分の意識を明らかにしやすいようにしたいと思ったんです。国籍によって日本人であることを意識しているのか、あるいは血筋なのか、それとも見た目なのか、はたまた精神構造の在り方なのか。海外から日本に来ている人は、漫然と日本に暮らす人より国家に対する意識が強いんじゃないかと思って。海外に暮らす日本人も同じような意識をもつんじゃないですかね。

　どこの国の民かでカテゴライズした場合、恩恵をもらえる国もあれば、縛りやマイナスな面が大きくなる国もある。多様性といいながら、逆に何かとカテゴライズしたがる風潮に対して、カイトはそういうことにとらわれない存在にしたい

という想いで創造したキャラクターでした。

だからLGBTQでもないんです。国の要人だからとか、一般人だからとか、若いから年配だから、男だから女だから、そういうのもすべて関係ない。たとえば、大坂なおみ選手を応援するのは、彼女が日本人だからというのなら、カテゴライズしていることになりますよね？　大谷翔平選手が日本人でなかったら、野球ファンじゃない人がこんなに盛り上がるでしょうか？　そういうカテゴライズや認識から、すべて逃れて生きたい人としてカイトは描きました。ファンタジーに近いのかもしれないけど、カテゴライズすることで得られる恩恵がまったくなくても生き抜く力をもっているという設定にしたんです。つまり、自分の力だけでサバイバルするのが、カテゴライズからも自由になれる手段という考え方ですよね。

姉弟も最終的には国籍にぶらさがらず、恩恵を受けた分、自分たちの何らかの能力を使って国にお返しすることで、国と対等になれるといいなと考えて、あのラストを選びました。彼らを、多様性やグローバリゼーションというカテゴリー

も外したところに立つ、無印の個人として描く。僕にとって、それが重要だったんです。

——ということは世間の価値観より一歩先、というわけですね。その世間の価値観に沿っていうと、こういう作品でキャラクターがガンガン死んでいくのもびっくりでした。

湯浅　基本的には未曾有の天変地異なので、画面外ではもっと多くの人が亡くなってるはずです。主人公家族だけ死なないのは不自然だし、サバイバルに関してまったくの素人なんだから、意外な危険も招いてしまう。本作ではわりと淡々としたタッチ、危機感が弱いタッチで描けたらとも思っていたので、死もドラマチックに描かないようにしたんです。

　宣伝のためもあって便宜上、主人公は姉弟と表明していますが、実際は誰が生き残るか分からないように作りたいと思っていて、毎回のように誰かが死んでいくことは僕が提案したんです。海外ドラマと一緒に並ぶＮｅｔｆｌｉｘなので、誰が死んで、誰が生き残るのか分からないというほうが、シリーズとして見せる

場合、引っ張る要素になるのではないかと思ったというのもありましたね。

誰もが俯瞰で状況が分かっているわけではなく、最善の行動をしているわけでもないので、実際はみんな助からないのが自然だとは思います。どんどん死んでしまって、主人公と思った人も次々と亡くなっていく。災害自体は対処出来ないものとして、人間関係や、彼らの思考や想いのほうに視聴者の意識が向けばよいと思っていました。

新作ラッシュで現場は大混乱に……

——ところで、この時期の湯浅さんは新作ラッシュで、とてもお忙しい感じでしたが、どこまで本作には関わったんでしょう?

湯浅 『きみと、波にのれたら』を絶賛制作中のなか、『映像研には手を出すな!』と『SUPER SHIRO』、『犬王』もやりながら『日本沈没』の脚本を作成しました。

『日本沈没』はシリアスな内容で『映像研』よりさじ加減はしやすいと思っていました。そのときのシリーズ監督も任せて欲しいと言い、チェックされるのを嫌がっていたのもあって、脚本作りが終わったあとは、ある程度任せていたんです。『SUPER SHIRO』は絵コンテまで見て、あとは霜山（朋久）監督にお任せしました。『映像研』は若手の登用が多く、初めて仕事をする人もたくさんいたので、彼らにチャンスをあげながら全体は僕が監督する必要があると思っていました。

　ところが、『きみと、波にのれたら』が終わってみれば、『日本沈没』はスケジュールが遅れ、第1話以外はシリアス路線とは違うコンテが上がっていました。そのタイミングでシリーズ監督をもうひとりの方にバトンタッチして、コンテは出来る限り修正したんです。でも、リアルな作画を設定出来る人が少なく、エピソードの多くが、脚本に想定しているリアルな描写が出来ていない状態になってしまい、テコ入れをする必要に迫られたんです。

――それはもう、話をお聞きしているだけでも大混乱な感じです。

湯浅　このままでは新しいシリーズ監督の対応もままならなくなりそうだったので、僕は『犬王』の絵コンテ作業を中断し急遽、自分も『日本沈没』の絵コンテから直しをやって、上がりの悪い作画の修正にも参加したものの、なかなか思うようにはかどらなかった。音響はしっかりやって、ダビング、納品にも立ち会ったんですが、今度は『映像研』のほうも厳しいコンテや作画描写のエピソードが多くなり、必要な場面設定の直しが出来る人もあまりいなかったのでそちらもやってという感じで……。直しの作業は2作品とも同じくらいやっていましたが、時間と人も少なく、リアルテイストな分、『日本沈没』のほうが困難を極めていましたね。

――その上に『日本沈没』は劇場版もありましたよね。

湯浅　音がよかったこともあって、画が出来上がるまえに、劇場編集版をやりましょうということになっていた。画を新しく描き足すようなことはしない前提で、シリーズがすべて完成したあと、作画的に弱いところは削り、引っかかる部分を少なくして、出来るだけすんなり観られるように再編集して公開したんです。

ぼくの
お気に入り

リメイクしてみたい映画

『風と共に去りぬ』

原題：Gone with the Wind／1939年製作／アメリカ
監督：ビクター・フレミング
出演：クラーク・ゲーブル、ビビアン・リー、レスリー・ハワード ほか

『フィッシュストーリー』

原作：伊坂幸太郎／2009年公開／日本
監督：中村義洋
出演：伊藤淳史、高良健吾、多部未華子 ほか

『戦場のメリークリスマス』

原題：Merry Christmas,Mr. Lawrence／1983年製作
日本・イギリス・ニュージーランド・オーストラリア合作
監督：大島渚
出演：デヴィッド・ボウイ、トム・コンティ、坂本龍一、ビートたけし ほか

#11

『風と共に去りぬ』は、「アニメ化してみたい小説」でも挙げたんですが、僕的にはレット・バトラーがかわいそすぎるので、違う視点でリメイクし救ってあげたいんです（笑）。

　伊坂幸太郎の同名小説を実写化した『フィッシュストーリー』は、アニメ化しても面白いんじゃないかなと思ったので挙げてみました。終焉の近づいた世界が、意外な人物の活躍で救われるという話なんですが、アニメーションだとキャラクターの動きを強調して描けるので、実写版とは違った面白さをプラス出来るんじゃないかと思いましたね。

　同じような理由で『戦場のメリークリスマス』を選んでみました。これは坂本龍一の音楽がとてもいいので、それに触発されるところが大きいです。戦場にもかかわらず坂本龍一が化粧をしているような耽美さも、アニメーションなら普通に受け止めてもらえるだろうし、もっと耽美的な表現にも出来る。完全にみゃびな少女漫画の世界の絵で描きたいです。だけど実際、僕には描けないだろうし、描き続ける根気もない気がするので、そういう絵が得意な作画の方にお任せ出来るといいですね（笑）。

作り手の“ワクワク感”が視聴者にも伝わった

『映像研には手を出すな！』

『映像研には手を出すな！』

第24回文化庁メディア芸術祭アニメーション部門大賞、米ニューヨーク・タイムズが選ぶ「The Best TV Shows of 2020」などに選出された。「設定が命」のアニメ好き、高校１年の浅草みどりと、プロデューサー気質の金森さやか、アニメーター志望の水崎ツバメは「映像研」を設立する。

製作年：2020年　原作：大童澄瞳　監督：湯浅政明　脚本：木戸雄一郎　音楽：オオルタイチ　キャラクターデザイン：浅野直之　アニメーション制作：サイエンスSARU　キャスト：伊藤沙莉、田村睦心、松岡美里、花守ゆみり、小松未可子、井上和彦 ほか

——さて、次はＮＨＫでオンエアされていた『映像研には手を出すな！』です。これは湯浅さん作品のなかで最大のヒット作になったのでは？

湯浅　どうなんでしょう？　その後も忙しかったりコロナも始まってしまって、人に会うこともほとんどありませんでしたから、実感を味わうようなことはなかったですね。ＴＶだと数字なんかも出ないので、いまいちピンと来ないんです。古巣の亜細亜堂の方が「湯浅さんもとうとう来ましたね」とか言っていたなんてウワサも耳にしましたが（笑）、正直、自分ではあんまり実感がない。むしろ、もっと上手く出来たはずだくらいに思ってました。それでも評価が高かったのは、やはり原作の内容がみんなが求めていたものなんだな、くらいに思っています。

僕が、会社（サイエンスＳＡＲＵ）を出たのも放送が終わった直後で、大きな喪失感もあり、気分がへこんでいる時期だったことも影響しているのかもしれないですね。実際どうだったんだろう？

——いや、亜細亜堂の方がおっしゃっているように、〝来た〟んじゃないですか？メチャクチャ面白かったし、そもそも湯浅さんにぴったりの企画だと思いました。

湯浅　ＳＮＳで大童澄瞳さんの原作漫画が話題になっていて、「アニメ化するなら湯浅がいいんじゃないの？」みたいな書き込みがあり、読んでみたんです。確かにとても面白くて、主人公たちの頭に描いた映像が実際にアニメとなって動かされていく過程が、自分が仕事で味わった醍醐味に近かったので、やってみたいという気持ちになりましたね。その頃、すでにほかで企画が動いているようだったので諦めていたんですが、嬉しいことにＮＨＫから声がかかったんです。

――ＮＨＫの人も同じように考えていたんですよ、きっと（笑）。いいところがたくさんありますが、まずキャラクターがとても面白いですよね。とりわけ金森氏！もう最高じゃないですか？

湯浅　みんな金森氏が大好き。僕も金森推しです（笑）。３人を平等な露出にすると金森氏の個性が強すぎるので、ひとり勝ちになってしまう可能性もある。少し控えめになるくらいを心がけました。この作品は、いわば熱血もの。そういうアニメの場合、ほぼ全員が熱血で、仲間内に金森氏のような冷ややかで現実的なキャラクターはまず出てこなかった。そういう意味でも新鮮だったと思います。

しかも金森氏って、お金にうるさいプロデューサーのわりにはクリエイティブを尊重してくれるじゃないですか。口は悪くてシビアだけど、そのへんはちゃんとしている。そういう意味では作り手が考えた理想のプロデューサーなのかもしれない。実際は、現場をちゃんと理解した上で営業力もある人なんて、あまりいないと思うし（笑）。大概はどちらかに偏っていて、足りないところを別の人が担ったり、監督がフォローしたりというのがほとんどだと思う。だからこそ、理想なんでしょうけどね。

――知性で論破するところなんて憧れますよね。立て板に水のごとく、理路整然とした言葉があふれ出る。かっこいい。押井キャラみたい（笑）。

湯浅　重要な場面で、きちんと外に対して駆け引き出来るのはいいプロデューサーだと思いますよ。ああいう人がいてくれれば、アニメ業界が変わるかもしれないと思った人が結構いた、なんて話も聞きました。なかなか改善出来ないアニメ業界の諸問題を、金森氏ならどうにかしてくれるんじゃないかと思わせてくれるからみたいです。まさにアニメ業界のファンタジーな救世主（笑）。

アニメ関係者の願望として、金森氏みたいなプロデューサーがいれば、待遇をよくしてくれて作品作りに集中出来るのにと思ったり、水崎氏みたいなアニメーターがいれば演出に邁進出来るのにとか、金森氏からすれば、浅草氏と水崎氏がいれば何か出来そうだと考えるのは当然のことだと思います。すべては願望であり、ファンタジーみたいなものなんですが、それでも彼女たちの発する言葉はあるある感が高く、覚悟や妥協の仕方なども共感するところが大きいんですよ。

――キャラクターは原作漫画通りなんですか？

湯浅　主人公の3人はほぼ原作通りですね。大童さん自身がアニメ制作にも精通されている方で、自分の考え方を3つのキャラクターに分散しているんだと思います。実際にアニメの制作現場で働いた経験はないのに、ものを作るプロセスやさまざま出来事、そういうときのクリエイターの感情にも詳しい。それでいて、原作コミックには、多岐にわたる知識やディテールがとても細かく描かれているので、多方面のおたくの人たちが感動したというふうに聞いています。

――湯浅さんはこの3人のなかでは誰に近いと思います？

湯浅　僕にもそれぞれの要素があると思います。
作画を始めた20代の若い頃は、水崎氏みたいな感じだったんじゃないかな。とにかく描きたい、上手くなりたい、表現したいという気持ちが強かった。『クレヨンしんちゃん』の設定をやり始めてからは、浅草氏みたいな感覚が生まれました。設定にすっかりハマって、世界をつくりたいと思っていたので（笑）。演出を始めて以降は人とのやりとりが増えて、金森氏のような考えが生まれてきた。そうやって考えると、この仕事に携わっている人には、何かしら思い当たる節があるから面白いというのもありそうですね。

――浅草氏は宮崎（駿）さんを意識したんですか？　エプロンをつけて髭をたくわえているシーンもありましたよね。そもそも、彼女のアニメに対するアプローチが「こういう画を描きたい」というところから始まっているので、宮崎さんに近いと思いました。彼女がアニメにハマる原因になった作品も『未来少年コナン』としか思えない作品でしたし。

湯浅　浅草氏は、イメージが先行して、ストーリーや構成があとからついてくる

タイプ。ボードを描くのが宮崎さんっぽいと思ったので、エプロン&髭のシーンを入れてみたんです。何か軽さを出さないと、シリアスになりすぎるようなシーンだったので、そうやってパロってみるのもアリかと思って。あまりシリアスになりすぎると『映像研』っぽくないので、少しふざけた要素が必要だったんです。すべってなかったんならよかったです（笑）。

――すべるどころか、大ウケでした。あとは、モノを創る喜びですよね。チームプレイで作品を創り出すプロセスが面白い上に感動的でもある。クリエイターとしては、共感度の高いテーマだったのでは？

湯浅　それぞれ突出した力をもった人たちが力を合わせて夢を成し遂げるのが面白いんですが、実際はそんな仲間が揃う現場はなかなかないんですよ。プロの場合は、３つの力を併せ持った人が中心になって制作が進むこともしばしばだし、仕事の出来る人がほかの役職や役割を兼任して補うことも多いと思いますね。個性が上手く合致して助け合うこともあるだろうけど、それを期待すると失敗することもあるかもしれない。

イメージしたものが実際に形になっていく醍醐味

——本作のハイライトでもある、クリエイトしていくプロセスを映像として落とし込む作業はどうでしたか？

湯浅　実際アニメにしていこうとすると結構大変で、いろいろな問題がありましたね。アニメのなかでアニメを作るという状況になるので、彼女たちの日常を描いたアニメ部分と、彼女たちが作っているアニメ部分の差別化をどうすればいいか、少し悩んだんです。

原作には、彼女たちがどういうアニメを作っているのか、詳しくは描かれていない。ただみんなが「すごい！」と言っていて、どうすごいかは具体的には分からないんです。漫画で暗示されているその〝すごいアニメ〟をどうやって作ればいいんだというのは、この作品を作る上での大きな課題でしたね。実際に〝すごいアニメ〟を作ればよかったんですが、それはやっぱ難しい。

――いや、その部分は何の違和感もなかったですよ。３人が自分たちの作ったアニメーションのなかで遊んでいるのが、彼女たちの高揚感と喜びを伝えてとてもよかったと思いました。

湯浅　日常のシーンは普通に描いて、彼女たちのイメージした設定は水彩画にして、パースをつけて立体的に表現したんです。〝パースをつけて立体的にする〟というアイデアが浮かんだときに、差別化が出来てやっと全体像が見えてきた感じでしたね。

　この作品の場合、アニメが完成するまでのプロセスを見せるわけですが、出来上がってないハンパな画だと書き割りっぽく見えてしまう危険性があった。それに平面的な画だと、まるで看板のまえに立っているような感じになってしまう。だけどそこに奥行きを与えると、ちょっと違う見え方になるんです。僕が設定を考えているときも、本作のように実際にその画のイメージのなかに入っていく感覚なので、それを大切にしたんです。

　撮影の方から、普通に作画した動画も水彩画ふうに出来る方法があることを教

わったので、それを使って動画も水彩画ふうに出来たのもよかったです。『山田くん』（『ホーホケキョ となりの山田くん』（99））のように、緻密で大変な作業になると無理だったんですが、作画的には何もしなくていい方法だったので助かりました。

――彼女たちのワクワク感が、観ている方にも伝染する感じでした。そこはやはり、クリエイターとして共感したせいなのかなと思ったんですが。

湯浅　そうです。原作にはいろんな面白さがありましたが、僕がもっとも共感したのは、イメージしたものが実際に形になっていく醍醐味です。宮崎さんの水彩で描いたイメージボードに憧れた時期があって、『しんちゃん』の設定をやっているときも、水彩で色をつけた絵をたくさん描いていましたね。鉛筆画より簡単で、しかも内容が分かりやすく、細かく色をつける必要もなかった。それもあって、その絵が採用され立体的に動き出すとワクワクしていたんです。

　なので、そういうワクワク感を今回のシリーズを通してのテーマにしようと決めました。作品が出来上がる瞬間の楽しさは、裏方だけが感じることだと思って

いたのに、観ている人たちも同じように共感してくれた。これは、とても希有なことだと思いつつ、やはり誰もが何かを創り出しているクリエイターだからなのかな、とも思ったんです。

浅草氏のセリフ「魂を込めた妥協と諦めの結石」はまさに自分自身が感じたこと

――湯浅さん的にこのシリーズは達成感があったんじゃないですか？

湯浅 いや、達成感はなかったですね。それはこの作品に限らずですけど。大きい小さいはありますが、制作が終わると常に後悔しかない。もっと上手く描きたかった、描けたんじゃないかとか、ここはもっとこうしたかった、出来るはずだったんじゃないかとか、そういう後悔がいっぱいです。達成感には程遠い。

画的には『カイバ』や『四畳半神話大系』のほうがきれいに出来たと思うし、内容的には『ピンポン』のほうが原作のよさを出せたと思っている。だからといって、そういう作品に達成感があったかというと、やっぱりないですね。

――それは厳しい評価ですね。

湯浅　（笑）でもそうなっちゃいますよ、やっぱり。だから、『映像研』で浅草氏が口にする「魂を込めた妥協と諦めの結石」というセリフは言い得て妙なんです。あとから評価を受けて、よかったのかなと自己評価が置き換わる場合もありますが、やり残したことを思うほうが断然多い。そういうことは、次の作品で出来るだけ回収したいと毎回思っています。

――ところで、ほかに何かやりたい企画など、ありますか？　押井さんは「湯浅くんの『パーマン』を観たいなあ」とおっしゃっていて、私も思わず同意してしまいました。湯浅さんが手がけてみたいと思っている作品があれば教えてください。

湯浅　『パーマン』は子供の頃大好きでした。藤子・F・不二雄の作品はおしなべて好きです。彼にはSF短編の漫画があって、ストーリーテリングがとても面白い。そういうのもやってみたいなって思いますね。TVのノリで言うなら『天

オバカボン』の最初のシリーズはホームドラマのペーソスやシュールさもあって、コメディのひとつの理想だと思っています。

あとは諸星大二郎の『暗黒神話』。ＴＶでは難しいかもしれないけど、これも『花男』と一緒で、最後に美しく収束する。スサノオ神話やヤマトタケルの神話が現代を舞台に展開するスケールの大きな作品で、とても面白いんですよ。これもやってみたいなーって。

――それは面白そうじゃないですか！

湯浅　でしょ？　でも、まだ乗ってくれる人がいない（笑）。なかなか難しいんですよ。

ぼくの
お気に入り

理想的だと思うプロデューサー

ピーター・ジャクソン

映画監督、プロデューサー、脚本家。1961年10月31日、ニュージーランド生まれ。J・R・R・トールキンの『指輪物語』を原作とする映画『ロード・オブ・ザ・リング』シリーズ（01〜03）で、世界的なフィルム・メーカーとなった

ジェリー・ブラッカイマー

映画、ＴＶプロデューサー。1943年9月21日、アメリカ生まれ。70年代後半から本格的に映画製作に携わり、おもなプロデュース作品に『アルマゲドン』（98）、『ブラックホーク・ダウン』（01）、『パイレーツ・オブ・カリビアン』シリーズ（03〜17）などがある。

やっぱり実写化不可能といわれていた大作『ロード・オブ・ザ・リング』三部作を実際作り上げたから、ですよね。原作通り三部作にして、しかもハリウッドで作るんじゃなく自分の故郷であるニュージーランドで撮影するなど機知に富んだアイデアで完遂させた。さらには世界中で大ヒットさせ、ファンタジーブームまで起こした。そういうことをきっちり出来たのは、やはり監督のみならずプロデューサーとしての能力も高かったからだと、僕は解釈しています。そのあとジャクソンは『ホビット』シリーズも自分の手で映画化して、最近は新しい形のドキュメンタリーをよく手がけてますよね。

『第9地区』も、ジャクソンのプロデュース作で、その監督（ニール・ブロンカンプ）がYouTubeにアップしていた短編に目をつけ、それを長編として作らせ、これもまた成功させている。プロデューサーとして新人の才能を見出すということもやっているからすごいですよ。

　もうひとり、あげるとするならジェリー・ブラッカイマー。何かと揶揄される人だけれど、PVから才能を見つけて大作を作らせ成功させているじゃないですか？　しかも彼って常に「プロデューサー」で「エグゼクティブ・プロデューサー」じゃないですよね。ということはつまり、名前を出しているだけじゃなく、ちゃんと仕事をしているって意味になる。自分でお金を出しているし集めている。最近は以前ほど派手な活躍はしてないようだけど、やはり彼の名前が映画にクレジットされていると興味が湧いちゃいますね。

#12

個人的には達成感があった『ねこぢる草』と、いくつかの短編作品のこと。

『ねこぢる草』

死神に魂の半分を奪い取られて生気の抜けたにゃーこと、その弟のにゃっ太が、残りの魂を取り戻すために旅に出るロードムービー。湯浅が脚本・絵コンテ・演出・作画監督などを担当したOVA。2001年文化庁メディア芸術祭アニメーション部門にて優秀賞を受賞した。

製作年：2001年　原作：ねこぢる　監督：佐藤竜雄　脚本・演出：佐藤竜雄、湯浅政明　アニメーション制作：J.C.STAFF

――湯浅さんはオリジナルの短編やTVシリーズのエピソードなども作っています。湯浅さん的に満足度が高かった作品として『ねこぢる草』を挙げていらっしゃいますね。

湯浅　監督の佐藤（竜雄）さんに声をかけていただいて参加した作品ですが、脚本・絵コンテ・演出・作画監督・デザインなど、一通り自由にいろんなことをやらせてもらい、個人的には達成感があった短編です。

　最初に心がけたのは、「画をきちっと整えて仕上げる」ということです。

　というのもこの前作の『八犬伝』で、アニメーターとして画が汚いとか、整えられないというイメージが業界に浸透しつつあったので、そういうのを払拭したいというのがありました。

　そもそもねこぢるさんの絵がアウトラインのはっきりしたごくシンプルなスタイルで、歪むときは意図的に歪ませている感じだったので、全体に手を入れることも可能だし、目的はクリア出来るんじゃないかと。

――おっしゃる通りになっていましたね。それに、とてもシュールでブラック。キャラクターデザインはとてもかわいいので、その落差が大きな魅力になってい

ると思いました。

湯浅　そもそもねこぢるさんの漫画はシュールでブラックなんです。テンションの高いスラップスティックやトリッキーなものも多いのですが、本作の場合はそれとは違う彼女の、じんわりした味わいのある短編に、僕が原作を読んで浮かんだ憂鬱なイメージや皮肉なイメージを半分くらい混ぜて作っています。『ねこぢるうどん』や『ぢるぢる旅行記 インド編』を使い、物語のベースに置いたのは『〜うどん』に収録されている短編「たましいの巻」という、魂をもっていかれる話。あと、ブタのとんかつの話ももりこみました。

——なぜより憂鬱に？　それは湯浅さんの視点なんですか？

湯浅　いや、もともとはねこぢるさんの原作にあるものなんですが、ねこぢるさんの作品の多くは、皮肉で憂鬱な物語をブラックに笑い飛ばしている。でも、僕的にはそういうのが受け入れ辛いところもあったんです。

　わりと叙情的に綴られた「たましいの巻」に揃えて、キャラクターのイメージは変えず、世の中の矛盾や皮肉を憂鬱さで包み込むようにまとめました。全体をそういうふうにしたのは、やっぱり自分の視点なのかもしれない。たとえばブタ

のとんかつの話は「やっぱり生き物を食べるって何か矛盾していてヤだな」という感じ。生き物をかわいいと愛でる反面、殺して食べて「おいしい」と感じる側面もあって、そもそも矛盾している。多くの人は愛でるときには食べるのを忘れて、矛盾を感じないようにしている。でも、たまにどちらも忘れず出来ている人もいるようだけど（笑）、どういう思考か理解はしにくいですね。そういう、この世のなかの理不尽さや、人間が上手く生きるためのカラクリとか、そういうことに思いを巡らせると、ねこぢるさんのような作品が生まれるんじゃないかと思ったんです。そういうモヤモヤ感をアートフィルムのようにつなげていこうと考えました。

――色もほとんどモノトーンなので憂鬱感がより強調されている印象ですね。

湯浅　ノスタルジックな風景もあって、過去の出来事のような感じなんですが、美術監督の中村（豪希）さんがシンプルな画のなかに深みを出してくれたので、モノトーンの画が雄弁になったと思います。中村さんは今回の『犬王』にも背景で参加してくださっていて、20年ぶりくらいのコラボレーションになりましたね。

もうひとつ、雄弁になったのは、ブラシをかけたような影をデジタルでつけら

れるようになった時期だったので、かなりシンプルなのに、ニュアンスが表現出来たと思います。

――わたしは冥界を旅しているような感じがしました。

湯浅 そうですね。死の淵を彷徨う感じを絵本にした、といえば分かりやすいですかね? でも、とことん暗いわけでもないと思うんですよ。半死状態のおねえちゃんを助けようとがんばる弟の話だし、家族愛を描いている。

さっき「たましいの巻」を中心に置いたと言ったんですが、それに自分の幼いときの記憶も入れて話をつなげているんです。小さい頃、風呂場で車を洗っていて溺れそうになったことがあったので。

――湯浅さん、その話はシュールすぎてよく分からないんですが。

湯浅 そうか(笑)。深い風呂桶の底にたまった水で、縁から身を乗り出してブリキのオモチャの車を洗っていたんですよ。ほとんど逆立ち状態だったんですが、お風呂の縁に引っかけていたお腹が滑って、水のなかに頭を突っ込んじゃって、気がついたら寝かされていた。子供だったので腕力で身体を起こすことが出来なくて、水中に頭が浸かったまま身動き出来ない状態で気を失っていた。たまたま父親が通りかかったときは、逆立ちした僕の両足が風呂桶から出ていたらしいです。そのあと水を吐き出さされて、気がついたときは母の膝枕で耳に入った水をとってもらっていた。父親が通りかからなかったら、溺れ死んでいたんですよ。この経験は自分のなかで、現実と夢が混とんとしているような感じだったから、そういう記憶も作品に反映させたんです。

一応、姉弟は最後に現世に戻ってくるんですが、そういうハッピーエンドはねこぢるさんらしくないかなと思い、どこか夢うつつな感じで、幸せは永遠に続くものでもないという雰囲気を表現しました。

――セリフがないというのは、どういう選択だったんですか？

湯浅　短編だし、ずっと受け身なので絵だけで完走出来るかなと思ったからです。声の選択を間違うと雰囲気が壊れそうな危険性もあって、分かりづらそうなところには、猫っぽいなき声を足したり、あるいは漫画のような吹き出しを使ったり。まったりして絵をゆっくり見るような、絵本っぽい感じの作品に出来ればという気持ちがあったと思います。

――かわいいですよね、八百屋さんに行って「はい10円」みたいな吹き出しが入

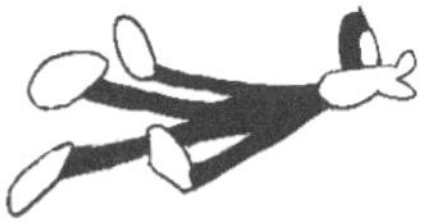

っていて。また、絵コンテが通常とは異なっていたとお伺いしていますが、具体的には？

湯浅　監督の佐藤さんの提案で、普通の絵コンテ用の四角いマスを使うんじゃなく、スケッチブックにたくさん描いた絵を並べるだけでいいんじゃないかとなったんです。だからフレームがない。たくさんのそれを大きな台紙に順番に並べて貼りつけ、カット番号を書き、秒数やト書きも入れて絵コンテ代わりにしたんですよ。足りない絵はやはりフレームなく描きたして、それも貼りつけました。どういうフレームにするかはアニメーターに考えてもらおうと思っていたんですが、30人近くいたアニメーターの内、ふたり以外のアニメーターから「いや、分からないんでフレームが欲しい」と言われ、結局僕がレイアウトするような感じになりましたね。

――結果的にレイアウトもやったわけですね？

湯浅　そうなるのかな。やっぱり絵コンテにはフレームが必要と学びました。とにかくこの作品は、絵をキチっと作りたいというのがあって、その最初の目的は結構果たせたと思います。オープニングやエンディングもちょっと変わった感じで作成して、とりわけエンディングが気に入ってます。

『キックハート』のクラウドファンディングからつながった『アドベンチャー・タイム』への道

――もう1本の短編が『キックハート』(13)ですね。こちらはクラウドファンディングで作っている、日本では初の本格的なクラウドファンディングアニメだそうですね。

湯浅 らしいですね。プロダクションI.Gの石川(光久)さんから「何か企画を出して」と言われて、いくつか考えて提出したんですが、そのなかでもっとも実現性の薄いだろうと思っていた本作を石川さんが「これがいいんじゃない?」って(笑)。

――石川さんが選んだんだ……かなり異色ですよね?

湯浅 そう。『タイガーマスク』っぽさとSM要素を合わせた、ちょっとセクシーな作品。僕としてはもっと万人受けするというか、みなさんが喜んでくれるよ

うな普通の企画も出していたんですが、なぜかこの作品になっちゃって（笑）。

――押井さんが監修に就いているのはなぜなんですか？

湯浅　クラウドファンディングを達成するために華があったほうがいいんじゃないかということで、押井さんに名前を貸していただいたんだと思います。当時の日本でまだクラウドファンディングはメジャーじゃなく、僕たちが使ったＫｉｃｋｓｔａｒｔｅｒは海外が中心でした。日本から参加するのはちょっとめんどうな感じだったと思います。お金を出してくれた人はＢａｃｋｅｒと呼ばれ、出資額に見合った物やイベントで返します。一番、金額が多かった方には押井さん、石川さん、そして僕とのディナー＆プロダクションＩ.Ｇの見学だったんですが、実際、押井さんと個人的にお会い出来るのなら、それくらいお安い御用というファンの方がお金を出してくださいました。

――押井さんを借り出したかいがあったんですね。

湯浅　そうです。高額を出してくださるのは海外がほとんどだと思っていたこともあってちょっと洋風を意識し、アメコミふう＆劇画ふうタッチにしたんです。その考えはあとから違うと思いましたけどね。作画や背景の絵作りのスタッフは僕を含めて4人くらいで、それぞれからアイデアを出してもらって、一気呵成に作ったんです。音楽や音響監督はオオルタイチさんにお願いして。

――なるほど。そういう勢いが伝わってきました。短編のよさが詰まった作品ですよね。

湯浅　いやあ、押井さんには「稼ぐという匂いがしない」って言われちゃいましたけどね（笑）。この作品、アメリカで英語版のアフレコを行ったあと、Backerの特典だった彼らでのアフレコもやったんです。アメリカ中から集まって来ましたよ。

Backerにはアニメーション業界の方もたくさんいて、そのなかに『アドベンチャー・タイム』のキャラクターデザインをやっている方もいた。アメリカでKickstarterのプロデュースをしてくれていたジャスティン・リーチさんがその方に、湯浅が1本ディレクターをやるのはどうかと持ちかけたことから話が進んでいったんです。知らなかったのですが、カートゥーン ネットワークの『アドベンチャー・タイム』では外からディレクターを呼んできて、内容も絵柄も好きに1本作ってもらうという企画をたまにやっていたんです。

――そうやってつながっていったんですね!

湯浅　そうなんです。そのとき初めて『アドベンチャー・タイム』を観たらとても面白かったので、「ぜひぜひ」と言ったら、わりととんとん拍子に進み、再び渡米することになった。『アドベンチャー・タイム』のメインスタッフに会った初日に、「どんな内容にするのか?」と聞かれて、次の日にいくつか用意して行ったんです。食物連鎖をテーマにしては? というアイデアを出したら通って、次の日からカートゥーン ネットワークに部屋をもらってストーリーボードを作成しました。『ねこぢる草』のときと同じように、スケッチブックに描いた絵を切り抜いて壁に貼っていき、最後まで並べて、番組のクリエイターで最高責任者であるペンドルトン(・ワード)さんたちを含めたスタッフのまえでストーリーの流れを説明しました。これでいいんじゃないかとOKが出て、日本式の絵コンテも起こしました。その前後で『アドベンチャー・タイム』の番組のライターの方が英語の台本を用意してくれて、アフレコはのちにアメリカで行なわれました。

――実際のアニメの制作は日本でやったんですよね?

湯浅　ええ。自分たちで立ち上げた会社、サイエンスSARUの最初の仕事にな

りました。スタッフは『キックハート』からの流れでエメリック（・ケビン）さんや、ＳＡＲＵのために来日したホアンマ（ヌエル・ラグナ）さんとアベル（・ゴンゴラ）さんで作成しました。音楽はＯｍｏｄａｋａさんで。

——初めての海外とのコラボレーションはいかがでしたか？

湯浅　ゲスト監督だったので、本編のスタッフより自由だったと思うし、手厚くサポートしていただいて、言語の問題もあったとはいえ、とてもいい経験をさせていただいたという感じです。感謝してます。それにスタジオの環境も明るく快適でしたし、それ以前にも（ロサンゼルスの）バーバンクのスタジオをいくつか見学させていただいて、よい環境を作ることに刺激を受けました。

彼らの仕事のやり方は異業種から人材を呼んできてストーリーボードを複数に描かせたり、意見を聞いて、みんなでアイデアを出し合い、プリプロをしっかり固めて海外の下請けに出すようなやり方でした。大きなスタジオのなかで、自由でクリエイティブな制作方法を勝ち取っているという印象でしたね。

——そのあとに作ったのが『スペース☆ダンディ』（14）の1話ですね。渡辺信一郎さんがやっているせいか、気取りのない『カウボーイビバップ』（98）のコメデ

ィ版という印象で、面白いですよね。日本の第一線のアニメーターや監督が参加しているのも贅沢でした。

湯浅　渡辺さんは僕も参加したオムニバスアニメ『Genius Party〈ジーニアス・パーティ〉』（07）の監督のひとりだったので、そのとき話したことがあったんです。意外だったのが旧作の『天才バカボン』が好きというところ。というのもアニメ業界では『元祖天才バカボン』のファンは大変多いんですが、旧作派は少ない。僕も旧作のホームドラマコメディのなかにあるシュールさがとても好きだったんです。また、ファーストシリーズ『ルパン三世』の生音じゃないあて音がいいとか。意外と共通点もあるのだなと思っていました。そういうことがあったからか、なんとなく『スペース☆ダンディ』でこういうのが欲しいんじゃないかと、ノリが分かる気がしていたんですけどね。

――希少価値の高いエイリアンを探すハンターのお話で、お約束を守れば、あとは自由という感じなんですか？

湯浅　そうですね。メインキャラの設定を守ってエイリアンを捕まえる話ならいいんだろうと、ストーリーを書いてもっていったら「これでいいんじゃない」っ

て感じでOKをもらったんです。総監督の渡辺さんが調整しているんだと思うんですが、基本は自由という感じでした。僕としては、史上最大のくだらないものをハイテンションでやるというつもりで参加したんです。

——その珍しいエイリアンは魚タイプでしたね。つい『夜明け告げるルーのうた』のお父さんを思い出してしまいました。

湯浅　あ、ルーは当初、バンパイアの予定だったたって僕、言いましたっけ？

——いや、それはお伺いしてないですね。

湯浅　いや、そうなんですよ、最初はバンパイアだったんです。I.Gで作らせていただいたパイロット『なんちゃってバンパイヤン』（99）をやったときに考えたアイデアがそのまま発酵して溜まっていたので、それを劇場サイズでやっちゃう面白さというのはあるんじゃないかなって考えたのが最初です。

それを脚本家の吉田（玲子）さんにしたら「もっと劇場に会いにきたくなるような、かわいいキャラがいいんじゃないか」という意見が出て。じゃあ人魚にしようとなったんです。

——かわいくなかったんですか、そのバンパイア？

湯浅　僕はかわいいと思ってたんですが、バンパイアより、人魚のほうがもっとかわいいのかなと思って。人間を食べるのを我慢しているバンパイアより、人間を食べると思われているだけの人魚のほうが危険も少ない感じがしますし。

――人間を食べるバンパイア？

湯浅　そう。あれ？　その頃は人食いオオカミ少女になってたんだ……。吸血鬼とオオカミ男を混ぜたクリーチャーをバンパイアというんだと当時は勘違いしていたんです、僕。もともと人食い種族だけど、それを我慢して、人間になりたいオオカミ少女。そしていまでも、人を食べているかもしれないオオカミ男のお父さんだったのが、人魚にするなら、吸血鬼ふうの設定を残すことにしたんです。つまり、人魚に噛まれてしまうと、その人も人魚になるということにしたんです。

――なるほど！　そっちも面白そうですね。

ぼくのお気に入り

好きな短編小説

『さあ、気ちがいになりなさい』
(フレドリック・ブラウン)

1949年に発表された短編小説。原題は「Come and Go Mad」。患者のふりをして事件が起きているらしい精神病院に潜入取材することになった新聞記者の男だったが……男の意外な正体と驚異の顛末が衝撃的な作品。

『警官と賛美歌』
(オー・ヘンリー)

短編小説を得意としたアメリカの小説家、オー・ヘンリーが1904年に発表した短編小説。
冬の寒さをしのぐため、悪事を働き刑務所行きを目論むホームレスの話。1952年にはオムニバス映画『人生模様』の1編として映画化された。

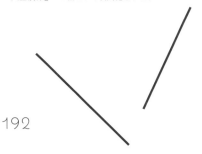

『昔、善良な男が』
(ジェイン・ヨーレン)

アメリカの児童文学作家、ファンタジー作家のジェイン・ヨーレンの短編小説。「天国と地獄を見せて欲しい」と頼んだ善良な男が見たものとは…。

「アニメ化してみたい小説」でも選んだフレドリック・ブラウン、やっぱり好きなんですよ（笑）。『発狂した宇宙』は長編でしたが、『さあ、気ちがいになりなさい』は短編集で、この表題が一番最後に収録されていて、それには理由もある。彼は短編も面白いというか、短編のほうが有名なのかもしれない。それに、タイトルがすごいじゃないですか？『火星人ゴーホーム』もタイトルにインパクトがある。そういうのって、いまでもつい口にしそうになりますよね。

　短編というと必ず登場するオー・ヘンリーもよく読んでいました。『賢者の贈り物』とか『最後のひと葉』とか。このへんは王道中の王道。そもそも僕は、最後にひねったオチやどんでん返しのある小説が好みだったので。『警官と賛美歌』というのも好きでしたね。冬の寒さをしのぐため刑務所に入ろうとするホームレスの話。このオチは気が利いているというより皮肉が利いている。

　もうひとりはアメリカのファンタジー作家、ジェイン・ヨーレンの短編です。彼女の作品もどれも面白いんですが、そのなかでも好きなのが『昔、善良な男が』という作品。善良な男が天使からひとつだけ褒美をあげようと言われ、天国と地獄を見てみたいと頼む。すると、意外なことに天国と地獄はそんなに変わらないんだけれど……という、これもヒネリがあり大変面白い。寓話的な味わいが好きでしたね。

　やっぱりどんでん返しにヨワくて、たとえば『マジンガーZ』の漫画でも、好きだったのは味方と思っていた人たちが実は敵だったという話だったり、映画でも『シックス・センス』とか『猿の惑星』とか。端正なストーリーよりもどんでん返しや裏切られる展開を好む傾向があったと思いますね。

#13

新たな挑戦でもあり
集大成となった最新作

『犬王』

『犬王』

古川日出男の小説『平家物語 犬王の巻』をアニメーション化。「能楽」をテーマに、室町時代に実在した能楽師・犬王をポップスターとして描いたミュージカル・アニメーション。その姿が異形なことから周囲から疎まれ、瓢箪の面を被っていた犬王は、琵琶法師の少年・友魚と出会ったことで、逆境の中から自分の人生を手にしていく。

公開：2022年5月28日　原作：古川日出男　監督：湯浅政明　脚本：野木亜紀子　キャラクター原案：松本大洋　音楽：大友良英　キャラクター設計：伊東伸高　アニメーション制作：サイエンスSARU　キャスト：アヴちゃん（女王蜂）、森山未來、柄本佑、津田健次郎、松重豊ほか

——では、次は最新作の『犬王』です。原作は古川日出男さんの『平家物語 犬王の巻』ですね。これは湯浅さんのほうがアニメ化したかった企画なんですか？

湯浅　いや、最初はアスミック・エースさんからいただいた企画です。古川さんの原作もそのとき初めて読んで、面白く出来るんじゃないかと思ったし、久しぶりの時代劇で興味深かったたし、音楽映画になりそうだというところも新鮮。だから挑戦しがいがあると思ったのでやらせていただくことにしたんです。

——原作は文体が特徴的だったり、構成が入り組んでいるし、主人公のふたり、能楽師の犬王と、琵琶法師の友魚《ともな》がユニークです。

湯浅　犬王は実在していましたが、記録にほとんど残っていない。友魚にいたっては実在した記録すらない。歴史から消されてしまったふたりだったからこそイメージを膨らませて、エネルギッシュに生きた姿を描けると思ったんです。

　舞台は室町時代。初めて日本が統一されていった時代です。それは同時に、いろんなものが失われていった時代でもある。オリンピックのとき、スラム街が人目に触れないよう壁を作って封印されたりすることもありましたよね？　それと同じで、この時代を境に、ホームレスのような人たちは絵にも描かれなくなり、消えたようになった。実際には変わらずいたことも分かっていますが、封印されてしまったんです。

――室町時代は仕分けが行われた時代だったということですか？

湯浅　そうです。歴史上、そういう節目はたくさんあると思いますが、確認できる最初の大きなものだったかもしれない。消える人と残る人が仕分けされた時代。本や絵に書かれた人は残ったけれど、ほかの人は消えていった。侍の話も後世に都合のよいものだけが残ったのではないかと思います。

――主人公のふたり、犬王と友魚もそうやって仕分けされ消えていったわけですね。

湯浅　底辺から這い上がり、一世を風靡した能楽師であり人気の琵琶法師であったにもかかわらず、名前が広く残ったのは世阿弥や明石覚一だけだったということです。

　明石覚一検校（足利の出身で幕府の庇護を受け、琵琶法師の自治的互助組織である当道座を開いた）が記した覚一本『平家物語』がそもそも、戦記物の娯楽作というだけでなく、失われた者の話を拾って慰め伝える鎮魂の役目があったと思います。また、のちに侍たちのたしなみとなっていった能楽の、死者が出てきて語る〝シテ芝居〟も、かつて戦に負けて消えた者たちの逸話を、そうやって拾い

集めて残すことで弔い、話を拾われた人も報われるという意味合いがあったのではないかと思います。

その後、能楽を観賞したり自分でやってみることが侍たちの間でひとつの素養になっていったというのは、下克上がまかり通る時代に、負けても立派な生きざままであったと言い伝えることで、忠義を尽くすよう仕向けたのではないかとも邪推しているんですけどね。

その『平家物語』から派生した古川日出男さんの小説『平家物語 犬王の巻』の主人公・犬王と友魚は『平家物語』を伝えたけれど、自分たちは何も伝えられることなく消えていった。室町時代に生きたそんな彼らの話を拾い上げている小説ですから、アニメを作る僕らとしても、より広く、ふたりのことを伝える気持ちで作っています。それに、そういうテーマは現代にも通じると思うので。

――「名もなき者たちを拾い上げる」ということがですか？

湯浅　いまの言い方をすると「承認欲求」かな。彼らは、のちに残ることなく消えていったけれど、実はこんなにエネルギッシュに、自分の生きざまを貫いたということを知って欲しいという気持ちですよね。この企画をいただいて原作を読んだとき、すぐにその言葉が頭に浮かんだんです。

ロックなリズムで伝える、犬王と友魚の生き様

——室町時代の話だけれど、現代的だったり、現代とリンクしているのが『犬王』の大きな特徴ですね。そのなかでもっとも現代的というか、今風の解釈がミュージカル仕立てというところ。古川さんの原作を読まれて、どういうところから「ミュージカル」というアイデアが生まれたんでしょうか？

湯浅　能は歌と踊りで構成されているので、一応ミュージカルに分類される。しかもこの時代の能楽（猿楽）はいまより大衆的な娯楽だったといわれています。そういう部分は大切にしたいとは思っていました。でも、映画自体をミュージカルにしたいと思っていたわけじゃないんです。というのも、自分のミュージカル映画のイメージは、会話が音楽、歌になるというものだけれど、この作品は普通にセリフで物語が進行し、舞台だけで音楽と踊りをやっているので、そういうのをミュージカルっていうんだろうかという疑問が最初はあった。でも、先に「ミュージカル・アニメーション」という言葉が世間に出て、僕自身は「え、そうなの？このアニメ」って感じだったんです。

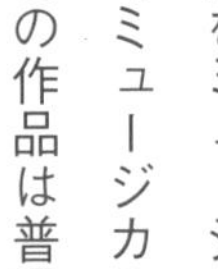

――じゃあ、そういう宣伝文句のような言葉が先行して「みんなにはそう思われているんだ」って気づいたという感じ？

湯浅　そうなんですよ（笑）。最初は音楽アニメーションくらいの気持ちだったんですが、でも実際に出来上がったら「そうか、これだったらミュージカルって呼んでもいいのか」という作品になっていました。歌とダンスのパートが長いですし、歌詞でストーリーや状況を語っていますから。

――歌とダンスの舞台だけで30分近くありますよね。全体の1／3にあたるわけだから、かなりチャレンジングだったのでは？

湯浅　当初はあまり気にしていなかったんですが、考えたら後半ほとんど歌だなって（笑）。でもこの作品は、舞台を見せることからは逃げられないんですよ。設定がとりわけシンプルというわけではないので、リピートを使ったり、省略絵で逃げることも難しく、さらにタイミングを音楽に合わせたり、リップシンクロもある、作画には大きな負担だったと思います。

それに、急展開で歌が始まるときに、観客の方についてきてもらえるかがカギになるかもしれないけれど、ちゃんと歌詞を聴いてもらえば大丈夫なのではと思ってます。

というのも、犬王の舞台、唄舞はミュージカルになっていて、歌のなかに物語がある。友有（友魚）が歌うのは、犬王の物語だったり、観客との対話、呼び込みだったりする。そして犬王の演目『腕塚』は、一の谷の決戦で敗れた平家薩摩守忠度の斬られた腕の話をベースに、犬王の長い腕を見世物にしながら、観客を雑兵と重ね合わせ、けしかけるような展開です。真ん中の『鯨』は、壇ノ浦でずっと鯨が来るのを待っている、漁師の恰好をした平家の棟梁の亡霊の話。そうやって諦めなければいつか報われることを表現していて、それに続く最後の歌『竜中将』は、亡くなった平家の者たちが行けるだろう竜宮城の話になっています。壇ノ浦で幼い安徳天皇が入水するとき、運命を共にした二位尼が「水の下にも都がございます」と言って慰めた、というのが『平家物語』にあります。最後まで忠誠をつくした者には竜宮城が待っているという考えは、琵琶語りや猿楽能のテーマである鎮魂と重なるので、「平家の亡霊」全体を癒やす、犬王と友有が伝える『平家』のクライマックスにとてもふさわしいと思ったんです。竜宮城は本当にあるのか？　ないのか？　それに、『平家物語』の最後には、「龍畜経」という架空の巻物が出てきて、それを唱えれば、竜宮城へ行った平家の者たちが癒やされるだろうと書かれている。本作ではその「龍畜経」が三番目の演目の要になり、

それも鎮魂というテーマと重なっている。

――とても深く物語とリンクしているんですね。

湯浅　そう、だから、ちゃんと歌詞にも耳を傾けて欲しいですね。そのほうが楽しめると思います。

――そういう歌詞にもかかわらず、リズムはロック、それもＱＵＥＥＮっぽい。

湯浅　あ、それは僕に責任がありますね。ＱＵＥＥＮ、大好きなので（笑）。でも大友（良英）さんはもともと東洋にもあるリズムからそれっぽさをもってきているようです。犬王と友魚は、みんながびっくりするような音楽を作ったということなので、時代の先端をいく新しい音楽をやっていたという設定にして、あえて現代的な音楽に聞こえるようになるといいと思ったんです。そして、出来る限り力強いバンド構成と音楽にしたかった。ロックにしたのは、やっぱり反抗というイメージがあったから。下層から這い上がる感じじゃないですか？　当時はいまよりもそういう感覚が強いですよね。上にいくには芸事を極めるか、功を立てるしかないような。そういう場合は、やっぱりヒップホップとかじゃなく、ロックなイメージになる。

　歴史から封印されて、あとに続く者がなかった音楽。封印されたせいで、歴史に残れなかった多くの音楽のなかには、いまでは想像すら出来ない音楽もあったに違いない。そういう考えからこのようなロックな音楽性を選んだんです。

――庶民が熱狂している姿が新鮮でした。「手拍子を要求するんだ」みたいなセリフもありましたよね。

湯浅　イメージしたのは、ビートルズが登場したときの興奮です。世界中が熱狂的に彼らを迎えましたよね。みんながダンスホールだけでなく、コンサートでも踊るようになったのも、そのあとくらいからなんじゃないかな。本作では、犬王たちが集まった人たちを熱狂させ、手拍子を取らせ、音楽に合わせて踊る気にさせ、みんなを開放していくというふうにしたんです。犬王たちは低層民と同じような階級で、彼らの代表ともいえる存在。庶民も、犬王や友魚を応援することで、自分たちも一緒に上にあがっていくような気分が味わえたんですね。だからこそ、ときの幕府も恐れてしまったのではないかと思います。

――それはよく分かります。

湯浅　そこに出てくるのも、やはり承認欲求なんです。犬王たちは打ち上げ花火のように一瞬しか輝けなかったけれど、その場であれだけ熱狂されれば多分、本人たちは納得出来たのではないかと。少なくとも犬王はそうだったと思いますね。

友魚はのちに自分を認めてくれた犬王のおかげで救われる……そういう感覚はいまの人も共有出来ると思うんですよ。歴史に名を残す者はいないけれど、彼らを見た者は、その存在を死ぬまで忘れない——。

アヴちゃんに任せることで決まった犬王のキャラクター

——本作ではとても重要な音楽ですが、担当されたのは『あまちゃん』のオープニングテーマなどで知られる大友良英さんですね。

湯浅　自分の言葉足らずで、最初に（音楽の）セッションをやっていただいたときは、あまり力強い音楽にはならなかったんです。もっとパワフルで、ガンガン迫ってくるようなロックが欲しいと思ったんですが、言葉で説明してもなかなか上手く伝わらずもどかしい。そこで、犬王たちがやる舞台の演目内容だけは決めていたので、それに合わせて既成の曲をミックスしたものに乗せてライブパフォーマンスを納めたドキュメントフィルムのような感じで絵コンテを切り、ムービーを作りました。欲しいテンポを刻み、リズムを乗せ、みんなが手拍子、足拍子しているようなムービーです。

――普通はそういう作り方はしないんですよね？

湯浅　やるとおそらく無駄が多い上に、こちらの希望したようにならない可能性もあると思っていたんですが、大友さんはちゃんとそれに合わせて、こちらの欲しい曲を作ってくださったので、本当に助かりました。神業ですよ。

――その曲を歌う犬王の声にアヴちゃんを選んだのは？

湯浅　アヴちゃんは『DEVILMAN crybaby』のときに、旧作のTVアニメの主題歌を歌ってもらったんです。音楽担当の牛尾（憲輔）さんのアイデアだったんですが、とてもよかったので、デーモン族の長・魔王ゼノンの声もちょこっとお願いしました。

で、本作を作るとき、アヴちゃんの名前が挙がったものの『DEVILMAN』の声だけだと判断出来ないし、そもそものときのキャライメージは、犬王はたくましく精悍で男らしく、友有は繊細で女性的な感じで進んでいて、はっきりしていなかったんです。犬王はたくましいほうがいいんじゃないか？　いや、ちょっと違う、むしろ華奢で芯が強い感じ？　というより、人間のようで人間じゃない、パワフルで元気なんだけど妖精のような計り知れない雰囲気があるキャラクター……というふうに考えていったら、どんどんアヴちゃんとシンクロするよう

になった。もともと才能のある方に任せるしかないと思っていたし、最終的にアヴちゃんしかいないということになったんです。

――アヴちゃんの名前は初めて聞いたので調べてみたら、基本情報が非公表でミステリアスなイメージですね。

湯浅　だから、アヴちゃんに決めることで犬王のイメージがハッキリし、ご本人に寄っていきましたね。それに、やはり犬王役には、実際に歌や踊りのステージパフォーマンスが出来る人がいいと思っていたし、歌詞も自分で変えられる人がよかった。結果、アヴちゃんは最高のキャスティングだったんです。

――「歌詞を変える」というのは？

湯浅　物語がちゃんと伝わるのなら、ベースにあるワードは自分の言葉に変えてもらって、出来るだけ自分の曲、自分のステージにして欲しいと思っていました。大友さんも、曲のベースは変えやすいようにシンプルにしたとおっしゃっていましたから。やっぱりパフォーマンスは、その人自身の感覚が重要だと思うんです。犬王役には、観客を先導するようなパフォーマンスが出来る人と考えていたので、アヴちゃんはステージングも抜群だから申し分なかった。実際、歌録のときも友魚役の森山（未來）さん含め、その場を先導してくれて、とても頼もしかったですね。

——ということは、収録は別々ではなく、ふたり一緒に録ったんですね？

湯浅　そうですね。森山さんの歌のときもアヴちゃんがいたと思います。アヴちゃんと森山さん、友だちなんですよ。偶然なんですが（笑）。森山さんが歌うときもアヴちゃんがアドバイスしたり森山さんもアイデアを出したりで、とてもいい雰囲気でした。

歌入れに関してはアヴちゃんのおかげで、とてもスムーズにいったと思います。森山さんも琵琶法師の役だから、実際に琵琶も練習してくれて、歌もびっくりするくらい力強かった。大友さんも感心されていましたね。森山さんに琵琶の稽古をつけてくださった後藤（幸浩）さんにはそのまま友魚の師匠、谷一の声もお願いしましたから、本当に師弟関係になりましたね。後藤さんには、各シーンでの琵琶のパフォーマンスを考えていただき、演奏もお願いしました。

——犬王のダンスはどうでした？　新体操とモダンダンスを合わせたような感じで、これもまた現代的でしたね。

湯浅　当時の能（猿楽）はいまより3倍くらい動きが速かったというので、犬王のダンスもスピード感をもたせ今風にしています。でも速いダンスをアニメで表

現するとき、細かい指定は難しいので、原画の方にはイメージに近いダンスのビデオを参考にしてもらい、音に合わせて細かくステップなどをつけていただきました。

ダンスに関しては、いろんなものを参考にしています。シャッフルダンスという足で踊るダンスや、バトンダンス、ファイヤーダンス、ブレイクダンス、リンボーダンス、フリーバレエ。ミュージカル『雨に唄えば』の水を使ったダンス、マイケル・ジャクソン、ジャネット・ジャクソン、蛯名健一、M.C.ハマー、エルビス、ジミヘン、トラボルタ、ジョルジュ・ドン、マイヤ・プリセツカヤ、カール・ルイスの走り幅跳び、体操の平均台……。もう躍動する肉体の思いつくもの全部を取り入れたといってもいいかもしれない。

――将軍のまえで犬王が踊るのは大変かっこいいですよね。犬王の肉体も美しいから。彼、シックスパックで体も今風ですね。

湯浅　当時、シックスパックって言葉は知らなかったですね。細マッチョにしようとしたらそうなった（笑）。アニメで筋肉質の身体を描こうとすると『ドラゴンボール』みたいなマッチョになっちゃうんですよ。それだと優雅さが表現出来ないので、目指したのは胸筋や腕の筋肉がごっついタイプより、背筋が強そうなブルース・リーっぽい細マッチョですね。

――本作で描かれている歌や踊りは室町時代、あだ花のように消えてしまい残ってはいないが、実は存在していたと考えるのは、なかなか楽しいですね。

湯浅　そういうところ、ありますよね。僕はそれ、〝オーパーツ〟というふうに考えているんです。

――それはとても面白いです。その時代の文明ではありえない出土品。ＳＦの定番アイテムですが、犬王と友魚も、彼らが生み出した芸能もオーパーツのような存在だったというわけですね？

湯浅　いま残っている室町時代の文化だとありえないようなアーティストとアートが突発的に生まれてしまったような感じ。あまりに先鋭的で、大衆からとても愛されたが、歴史から消えてしまった。

　消えていくのは仕方ないんですが、大切なのはそこに共感者がいるかどうか。その部分が承認欲求の先にある、僕の一番言いたいことなんです。先ほども言ったように、犬王は納得出来たけれど、友有は納得出来なかった。でも、犬王が友有を認めることによって、彼の存在が意味をもつようになる。友有には犬王の承認こそが重要だったと思うんです。

誰にも承認されずに消えるのはあまりに寂しい。でも、誰かが知っていてくれたと思えれば救われますよね？

僕はそんなふたりの友情を描きたかったんですよ。手塚治虫さんの漫画に『雨ふり小僧』というのがあって、これは雨ふり小僧が少年との約束をずーっと大人になっても忘れないで守っているという話なんです。僕も惹かれるところがある素敵な話で、『犬王』にもそういう部分があると思います。

そして冒頭、現代から時代を遡っていけば、現代と『平家物語』との時間のつながり、距離も描けると考えたんです。源平合戦のときに、両陣営が赤（平家）と白（源氏）で色分けしていたので、それが「紅白歌合戦」や運動会の紅白の由来だということを示せば、より意味をもって感じてもらえるかなって。登場する能のすり足も、過去に向かうにつれ、速くなるように描いています。そういう遡っていく設定は最初から野木（亜紀子）さんの脚本にあったと思います。

ＴＶ界のトップランナー、野木亜紀子との仕事

――脚本家の野木さんは大ヒットしたＴＶドラマを担当していらっしゃる方です

が、アニメは初めてだし、湯浅さんもそういうTVの脚本家と組むのは初めてですよね。彼女の参加でどういうところが変わったのでしょう。

湯浅　野木さんは、いま一番信頼されているシナリオライターだと思います。たくさんのヒット作がありますが、僕が彼女の名前を知ったのは『重版出来！』という漫画のドラマ化。ちゃんと漫画からドラマの文法へトランスレートされて、小さなエピソードがきれいにまとまり、キャラの表現もとても魅力的だった。

野木さんの参加は（製作の）アスミック・エースの方に提案されて実現したんです。『夜は短し歩けよ乙女』に参加してくださった星野源さん主演のドラマ『逃げるは恥だが役に立つ』の脚本を書かれていて、その縁で『～歩けよ乙女』のときにコメントをいただいたりして、つながりがないこともなかった。野木さんのほうも、古川さんの原作が面白かったので参加してくださることになったんです。

――原作は散文的になっているので、まとまった話にするのは大変だったのでは？

湯浅　そう思います。原作は犬王、友魚、そのほかの逸話をいったりきたりしながら、語り部調で進行していて、1本のストレートなお話としてはすんなりつながっていない感じ。それを野木さんを中心に、意味合いをはっきりさせて1本の

物語にまとめていく作業があったんです。いくつか別れていたオチもなるだけひとつにまとめるようにして。

昔、業界の先輩に言われたことのひとつに「アニメーションは責任の追及がヌルい」というのがあった。つまり、ドラマは厳しくて、視聴率が悪ければまず脚本が問題視されたり、演者の芝居に文句が出たり、打ち切りにもなるけれど、アニメの場合は打ち切りはあっても、のちのコンテや作画で方向性や説得力が変わってしまうことが多いため、制作過程の違いで責任の所在が曖昧になって、あまり追求されていないということでした。その先輩はＴＶドラマの脚本家は、批判を浴びながらやっているため鍛えられ方が違うと言って仕事をしたがっていた。僕はそういうものなのか、いつかそういう畑の違うＴＶドラマのスタッフの方とも組んでみたいと漠然と思っていたんです。それが、自分の好きだったＴＶドラマを担当された野木さんというのは、嬉しかったですね。

——厳しい方でしたか？

湯浅　厳しいというより強い方でした。さすが業界のトップランナーという感じ。自分の方法論を徹底してもっていらっしゃるので、中途半端な装備で反論すると、論破されることもしばしばでしたね（笑）。まさに先輩の言う通りで、とてもいい経験をしたと思います。

よく調べ、いろんな提案をしてくださったり、アイデアもたくさん出してまとめてくださったんですが、そのなかで僕がもっとも助かったのは「省略」の判断でした。初めて友魚が琵琶を弾きつつ歌い出すシーンがあるんですが、最初はそのまえにいろいろと説明を入れていたんですよ。シーンを出来るだけ絞りたいので、ついつい短時間で必要な説明を終えようと考えてしまい説明過多になる場合があるんです。その部分が説明過多なのは自分でも気づいていましたが、どうすればいいかまだ考えついていませんでした。そのシーンを野木さんは「観客に想像してもらいましょう！」と言って説明を省く提案をされた。「急に歌い出せばいいですよ、次のシーンを観れば納得してくれますから」って。そういうのって、かなり勇気がいる。観客がそこまで想像してくれるのかって。でも、信頼出来る脚本家の方が自分の経験値から言うのだから、ありがたい！　と思ってそうしました。

野木さんは、最初にどういう映画になるといいかを提案し、それに合わせて物語を構成する。アニメの場合、結構コンテや絵作りで変わってしまうんですが、それにも野木さんは構成をしっかり貫こうとする。こちらもそんな野木さんの意見

を聞こうとすることで、最初の意図がそんなに外れることがなかったと思います。

――古川さんの原作より数倍、明るくなっている印象です。これはミュージカル仕立てになったからであり、現代風な解釈を施したからでもあると思いますが。

湯浅　原作を読んだとき、これは手塚治虫の『どろろ』っぽい設定だなって何となく思ったんですが、手塚さんの漫画のほうは、体の部位を失った姿で生まれた百鬼丸が、自分に呪いをかけた妖怪を一匹一匹倒すたびに体の一部を取り戻していく話。犬王は、奇怪な姿で生まれたのに、本人は悲観することもなく明るく朗らかに育ち、舞をマスターするたびに体が戻っていく。設定は似ているような気もするんですが、さまざまな面で正反対なんですよ。犬王は、醜い自分がイヤじゃない。普通の身体を取り戻したいから踊っているわけではなく、ただ踊りが好きだからやっているだけ。歌い踊ってみんなに見てもらい喜んでもらうのが彼の生きる目的なんです。前向きで明るく、逆境をものともせず、自分で自分の運命を切り拓こうとする。彼のそんな明るさに時間を割いたのは、僕が彼のポジティブさに大いに共感したせいだと思います。設定自体は原作もそうであると思うんですよね。

――友魚のお父さんも明るさの一端を担っているのでは？　すごくかわいかった

ですから。

湯浅 もともと寡黙でいい人ですけど、生きているときより、亡霊になってからのほうがかわいいですね。おしゃべりになって。原作を読んだときもコメディリーフなイメージはありました。松本（大洋）さんが描かれていた平家の亡霊もかわいかったので。亡霊は死んじゃうと無責任になって子供っぽくなる感じ。やっぱり恨みや想いが消化されていくと、身体も小さくなって、声もかわいく甲高くなっていく。ちなみに、平家の亡霊の声は音楽の大友さんなんですよ。いろんな声を表現出来る方なので、それを録って使わせていただきました。

――原作者の古川さんとは、どんなお話をされたんですか？

湯浅 原作者の古川さんと対談させていただいたんですが、そのとき古川さんがおっしゃっていたのは、「究極の美」の意味についてでした。芸術を志した当初には無垢な感覚があるけれど、時間が経つにつれて忘れてしまう。じゃあ、その無垢さというのは何かというと、本当にそれをやりたいという初期衝動のようなものではないか。それをやると楽しいから、みんなが喜んでくれるからやるという単純で純粋な気持ちですよね。「究極の美」は見てくれのことではなく、芸術に対しての無垢な初期衝動なのかもしれません。世阿弥も初心忘るべからずみた

いなことを言ってますよね？　古川さんご本人も、長く小説を描いていると分からなくなるときがあり、期する気持ちがあって『犬王』を執筆したともおっしゃっていた、と記憶しています。少し自信ないですが、僕はそう受け取りました。

――古川さんは出来上がった作品についてどうおっしゃっているんですか？

湯浅　映画については、半分は自分の作品で、もう半分は違う。映画になって膨らんだ部分はそれはそれとして楽しんだ。表現は違っても作品のテーマをちゃんと押さえてもらったのでよかったとおっしゃっていただきました。最初は戸惑ったところもあったと思うんですが（笑）、最終的に腑に落ちたようなので、よかったです。

――湯浅さんは、犬王がずっと無垢でいられたのはどうしてなのか、どう解釈しましたか？　もちろん、友魚との出会いはありますが。

湯浅　映画には、原作同様、犬王の内面描写はあまりないんです。確かに彼は異形のものとして生まれて、幼い頃は犬のように扱われているわけだから、兄と比べてなぜ僕が？　と無垢さを失っても不思議じゃない状況。でも彼は、そんな自分がイヤじゃなかったと思うし、兄たちと比べることもしなかった。動物と一緒にいて楽しかったんじゃないかな。僕は彼には生まれるまえから亡霊たちの声が聞こえていたと思っているんです。自覚がなかっただけで。座のなかには、彼に服やを布をあてがったり、かわいがっている人もいたという裏設定にしています。自分が生まれ落ちることが出来たのも亡霊たちのお陰だと、うすうす感じていたと考えていました。そういう愛情をどこかで感じていたと思うんですよ。そうじゃないと、明るい理由が見当たらない。あるいはとんでもなく、まえ向きのあほうで、自分の不幸に気づかなかっただけというのもあるのかもしれませんけどね（笑）。あとは歌って踊ることが大好きで、それだけを夢見て邁進していた。それ以前にひとりで楽しみを見つける天才だったとも思います。

――犬王のデザインについてもお伺いしたいです。「呪われた姿」で、身体の器官の配置が「ずれている」とは書かれているけれど、具体的には書かれてない。

湯浅　グロテスクなさまをまんま映すことは避けたいけれど、ひと目で奇怪ということは表現したい。その後の体の変化も分かりやすく示したい。だから、最初の頃の犬王は全身布にくるまれ、顔には面をつけ、手足４本、もしくは３本を使って犬のように地面に這いつくばって座の敷地内で暮らしている。そこへ変化が起こり、すらっとした２本足を取り戻し、敷地の外へ飛び出して行く。長い腕も使って普通の人が不可能なことも出来るわけだから、犬王の奇怪さも、彼の爆発的な解放感も伝わるだろうと思ったんです。

仮面のなかの顔に関しては、目が縦について、口も横にあるようだが、実際はよく分からない。そういうところは観客の想像力に任せたほうがよいのではないかという判断をしました。

――一本の手だけがとても長いというアイデアは、やはり分かりやすいから？

湯浅　そうですね。異常や病気によってもあり得ない形というのも重要でした。腕の長さは一定にせず、どんなときでも異様な長さであることが分かるようにしました。おそらく諸星大二郎の『西遊妖猿伝』の影響かな（笑）。その漫画に登場するキャラクター（通臂公）の両腕が一本につながっていて、一本が長くなるともう一本が短くなる。そこからヒントをもらいました。犬王の場合は、つながっているわけではなく、もう一本の腕は手首だけで、耳のあるべきところから生えているんです。

――時代考証はどうですか？　かなりしっかりやったとお伺いしています。

湯浅　時代劇は久しぶりだったし、室町時代全体をやるのは初めてなので、結構勉強したしこだわりましたね。設定の一部がオカルティックだったり、ふたりの音楽が突拍子もない分、ほかの部分での時代考証はきっちりしたいという気持ちが強かった。時代考証を確実にやった上で思い切り遊ぼうという感じかな。

今回、僕的に大きな発見だったのは「烏帽子《えぼし》」です。当時の男性はよく被っていて、絵にもたくさん残っているのですが、いままでどういうものかよく分かってなかった。偉い武将の肖像画でも、頭にのっかっているだけで被っておらず、しかも後ろにずれている絵が多い。絵が下手なのかと思っていたんですが、実は被っているのではなく、まげに留めているだけだと今回知りました。後ろにズレている絵は正しかったんですね。時代考証をきちんとやろうとしている実写でも、カツラのまげでは強度がないため、被ったように留めているものが多いと聞きました。でも、アニメなら問題ないので、今回は徹底的にそれをやろうと決めたんです。

——それはめちゃくちゃディテールじゃないですか（笑）。

湯浅　そうなんですけどね。でもそうやってリアルにすると下手な絵にしか見えないので、アニメーターの方はつい、きちんと被せてしまう。身体にフィットさせるほうが動かしやすいのでそうなる部分もあります。アニメで胸元を開けるのも、だぶだぶの服をきっちり描写するのも、結構難易度高いんです。四肢とズレた別の動きになりますからね。帽子は被っているんじゃなく、ちょんまげにつけているということは、こういうインタビューなんかで繰り返し僕が言っていくからということで徹底してもらったんですよ。時代考証としてはこれは新機軸で、

僕としては一番大きく、本作での「ユリイカ」だったと思いますね（笑）。

――なるほど！（笑）

湯浅　あと扇の使い方。犬王たちのパフォーマンスを貴族的な女性たちは扇を広げて、その間から見ているじゃないですか？　視線の先の彼らは下層の者たちですが、芸は神秘的なものとされていたのか、畏敬の念も同時にもたれていて、直接見てはいけないというような風習があったようです。そういうの、確か『太平記』にもあったと思いますね。

――98分と上映時間は短いですが、そのなかに湯浅さんのあらゆる挑戦と発見がつまっているんですね。

湯浅　そうですね。新たな挑戦もたくさんありつつ、集大成という感触もあります。これまでの作品のなかでも多くの方に楽しんでもらえる、まとまった内容の作品になっているのではないかと思います。子供向けとかホラーファン向け、青春ものとかラブストーリーとか、さまざまな方向を狙った作品を作ってきましたが、ここにはそういう要素がすべて入っている。音楽的にもスケールアップし、これまでになく力強い内容になっていると思います。それに、テーマ的に共感する部分も強く、大変でしたがとてもやりがいがありましたね。

#14

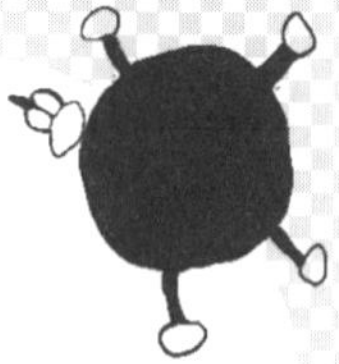

ぼくの
お気に入り

好きなミュージカル映画

『雨に唄えば』

原題：Singin' in the Rain／1952年製作／アメリカ
監督：ジーン・ケリー、スタンリー・ドーネン
出演：ジーン・ケリー、デビー・レイノルズ、ドナルド・オコナー ほか

『ウエスト・サイド物語』

原題：West Side Story／1961年製作／アメリカ
監督：ロバート・ワイズ、ジェローム・ロビンズ
出演：ナタリー・ウッド、リチャード・ベイマー、
ジョージ・チャキリス ほか

『リトル・ショップ・オブ・ホラーズ』

原題：Little Shop of Horrors／1986年製作／アメリカ
監督：フランク・オズ
出演：リック・モラニス、エレン・グリーン、ヴィンセント・ガーディニア ほか

『雨に唄えば』はミュージカル映画の定番ですが、実際とても面白い。お馴染みの雨のなかでジーン・ケリーが唄うシーンは音楽もいいし、とてもきれい。ソファと人形を使ったコミカルなダンスと歌も楽しい。それでいてお話のほうも充実していて、無声映画からトーキーへと移るハリウッドの騒動が面白く描かれている。ミュージカルとして、これが一番、気持ちよく楽しめますね。

『ウエスト・サイド物語』は最初のロバート・ワイズ版です。スピルバーグ版はまだ観てないので。というか、これもまた『ロミオとジュリエット』ですね（笑）。このミュージカルで印象的だったのは、ケンカするシーンもダンスになっているところ（笑）。ちなみに『サイボーグ009』の002ことジェット・リンクは、ニューヨーク出身の不良という設定なので、漫画では『ウエスト・サイド～』のように足を上げてダンスをしながら登場するんです。それくらい、当時のニューヨークのイメージと重なっていたんだと思います。『ロミオとジュリエット』のお家対立を人種コミュニティの対立、差別問題に落とし込んでいる面白さもありました……でも、やっぱり音楽かな。「アメリカ」という曲はノリがよかったし、キレのいいダンスを見せるジョージ・チャキリスもかっこよかった。

もう1本の『リトル・ショップ・オブ・ホラーズ』はミュージカルでホラーコメディというところがツボでしたね。気弱な主人公が育てた未知の植物が実は宇宙植物で血を欲し、ついには人間を食べ始めてしまう！　というトンデモな展開（笑）。サディストの歯医者が登場して、その治療シーンを口のなかから映したり、映像や表現も面白い。音楽のノリも気持ちいい。

著者
カバーイラスト・中面挿絵・パラパラ漫画・ショート動画
湯浅政明（ゆあさ・まさあき）
アニメーション監督。1965年3月16日生まれ、福岡県出身。映画『マインド・ゲーム』（04）で長編監督デビュー。以降、映画『夜明け告げるルーのうた』（17）では、アヌシー国際アニメーション映画祭で最高賞にあたるクリスタル賞を受賞。映画『きみと、波にのれたら』（19）では上海国際映画祭 金爵賞アニメーション最優秀作品賞、シッチェス・カタロニア国際映画祭最優秀アニメーション長編映画賞を受賞した。そのほかのおもな作品にTVアニメ『ピンポン THE ANIMATION』（14）、『映像研には手を出すな！』（20）、映画『夜は短し歩けよ乙女』（17）、Netflix配信作『DEVILMAN crybaby』（18）、『日本沈没2020』（20）などがある。最新作は『犬王』（22年5月28日公開）。

聞き手・構成・文　渡辺麻紀（わたなべ・まき）
映画ライター。『TV Bros.WEB』、『SFマガジン』、『アニメージュ』などに映画コラム、インタビューなどを寄稿。

装丁・デザイン　キッドインク
DTP　キッドインク

湯《ゆ》浅《あさ》政《まさ》明《あき》のユリイカな日《ひ》々《び》

第1刷　2022年5月23日
著　者　湯浅政明
発行者　菊地克英
発　行　株式会社東京ニュース通信社
〒104-8415 東京都中央区銀座7-16-3
☎03-6367-8023
発　売　株式会社講談社
〒112-8001 東京都文京区音羽2-12-21
☎03-5395-3606
印刷・製本　株式会社シナノ

ISBN978-4-06-528369-1
JASRAC 出 2203582-201